体育科授業サポートBOOKS

マンガでわかる！
体育授業の ちょこっと 腕を上げる テクニック

小林 治雄 著

明治図書

はじめに

『体育の授業がうまくなりたい！』
『子どもの【わかる】と【できる】をもっと増やしたい！』

　この思いが，私の学びの原動力です。今まで，その思いを強くもちながら，体育科教育の研究会や公開授業研修会に参加してきました。そこで，体育授業のスペシャリストの先生の授業からはもちろんですが，採用されて間もない若手の先生の授業からも多くのことを学んできました。
　指導案に書かれている「ゲーム化」や「場づくり」などだけではなく，「教師の立ち位置」「追発問」「評価」「モデリング」「お手伝い」など，指導案上にあまり書かれないことについても多く学びました。一つ一つはちょっとしたことなのですが，子どものわかるやできるが増えたり，授業中の学ぶ姿勢が大きく変わったりしていました。
　そこで，私が他の先生の授業を見て学んだことや，その学びを実際の授業に生かしてよかったことを「ちょこっとテクニック」として，この本の中にたくさんつめこんでみました。
　1つだけ試してみても，「大したことないじゃないか」と思われるかもしれません。ですが，この「ちょこっとテクニック」が一つ，また一つ定着していくにつれ，少しずつ体育授業が変わっていくのではないか（変わってくれるといいなぁ）と思っています。
　「今日の授業では，この"ちょこっとテクニック"をやってみようかな」と"ちょこっと"読んで，"ちょこっと"授業に生かしてもらえたらうれしいです。

　　　　　　　　　　　　　　　　　　　　　　　　　著者　小林　治雄

もくじ

はじめに 3

授業づくり

1. 何を身に付けさせているかを意識して授業する ……… 8
2. 授業の進め方のベースをつくり学びやすくする ……… 10
3. 領域に合わせて運動する人数を変える ……… 12
4. 目指す動きに必要な感覚・技能を把握する ……… 14
5. 身に付けさせたい感覚・技能から授業で行う運動を決める ……… 16
6. 運動を段階的に分けて行い無理なく「できる」につなげる ……… 18
7. 子どもの学びを支える学習課題を設定する ……… 20
8. 動きの見通しをもたせて「できる」に近づける ……… 22
9. 「運動しやすい環境」をつくり，動きに慣れさせ，こつをつかませる ……… 24
10. 「まとめ」をして，運動のポイントを意識させる ……… 26
11. 「振り返り」をして，「できる」につなげる ……… 28
12. ゲームに必要な動きを身に付ける練習ゲーム（ゴール型） ……… 30
13. ゲームに必要な動きを身に付ける練習ゲーム（ネット型） ……… 32
14. ゲームに必要な動きを身に付ける練習ゲーム（ベースボール型） … 34

⑮	はしご・入替式ゲームで見取りやすく・指導しやすくする	36
⑯	動きを限定して運動しやすく，学びやすくする	38
⑰	「お手伝いタイム」で子ども同士のかかわりを増やす	40
⑱	運動の場づくりを工夫して運動時間を確保する	42
⑲	場やルールを工夫してけがを減らす	44
⑳	個性を明らかにしたグルーピングをする	46
㉑	教え合うことの大切さを伝え活性化させる	48

マネジメント

㉒	痛くない教具で思い切り運動させる	50
㉓	3つの授業の約束で体育授業の基礎をつくる	52
㉔	リズム太鼓でリズムとタイミングをつくる	54
㉕	集合の様子で運動意欲を見取る	56
㉖	目的に応じて集合・並び方を変える	58
㉗	目線の高さを変えて伝わるように話す	60
㉘	具体的に叱って改善点を確実に伝える	62
㉙	つまずきに合ったアドバイスをする	64

30	多くの子どもに声を掛け意欲と技能を高める	66
31	追発問で課題意識を高める	68
32	意欲面のよさを具体的に伝えて学びの姿勢を定着させる	70
33	思考面のよさを具体的に伝えてかかわりを活性化させる	72
34	動き（技能面）のよさを具体的に伝えて動きのこつを意識させる	74
35	動きを強調した示範で動きのよさをつかませる	76
36	どこからどう見るのかを伝えて動きをつかませる	78
37	アドバイスと支援でわかるとできるをつなぐ	80
38	声のお手伝いで動きのタイミングをつかませる	82
39	手のお手伝いで動きや姿勢の感覚をつかませる	84
40	声と手のお手伝いで一連の動きをつかませる	86
41	別のところを意識させてねらった動きを定着させる	88
42	時間をおまけして運動意欲を高める	90
43	ゲームのルールは子どもたちと話し合って決める	92
44	用具にたくさん触れさせて運動への抵抗感をなくす	94
45	目印を付けて運動しやすくする	96
46	図を提示して早く場をつくる	98
47	必要な数に分けてスムーズに授業を進める	100

- 48 指示や台車の使い方を工夫して短時間で準備・片付けをする ……… 102
- 49 仲間づくりゲームで「かかわり」の実態をつかむ ……………………… 104
- 50 リレーで楽しく運動できるようにする ……………………………………… 106
- 51 リレーでかかわりを生む ……………………………………………………… 108
- 52 ジャンケンで技能差があっても楽しく運動させる ……………………… 110
- 53 必要感をもって運動させて思考と技能を高める ………………………… 112
- 54 「あおり」を使って挑戦しようとする気持ちを高める ………………… 114

評価

- 55 ミニファイルを使って即時評価をする …………………………………… 116
- 56 チームの評価シートを活用して即時評価をしやすくする …………… 118
- 57 評価計画を立てて授業中に確実に評価する ……………………………… 120
- 58 体育ノートで子どもの考えを見える化する ……………………………… 122
- 59 個人・チーム・クラス記録を残して伸びを感じさせ，意欲を高める
  …………………………………………………………………………………… 124
- 60 得点以外の数で評価して伸びを感じさせ，意欲を高める …………… 126

授業づくり

スキル1 何を身に付けさせているかを意識して授業する

　体育授業は，単元があって，運動教材があって，手立て（場など）があれば運動は成立する……かもしれません。でも，実際の体育授業は，運動教材を通して子どもたちにどんな感覚，知識，技能を身に付けているのかを理解して授業を行わなくてはなりません。それができていなくては，その1時間の子どもたちの学びを保障しているとは言えません。

◆授業前のひと手間
❶単元を通して，どんなことができるようにしたいのかを設定する
　子どもの実態を踏まえて単元のねらいを決めます。これを考えることで，ねらいをどのように達成させるかという授業者の意図が生まれます。
❷どうすればねらいを達成できるかを考える
　ねらいを達成するために，どんな基礎的な感覚や技能が必要かを考えます。これを考えることで，どのような手立てが必要かが明らかになってきます。
❸どんな手立てによって動きを身に付けることができるかを考える
　手立ては主に2種類あります。1つは，「ねらいを達成するために必要な基礎的な動き（感覚や技能）を高める手立て」，もう1つは，「基礎的な動きをつないで，より高い動きを身に付けさせる手立て」です。手立ては，体育の授業をよく知っている先生に聞いたり，体育科教育の書籍や資料を参考にしたりします。

◆授業後のひと手間
❶子どもの評価をもとに授業を振り返る
　授業後に，子どもの評価を見直します。高まった・身に付いた子ども，また，そうでなかった子どもの様子を想起します。
❷手立ての何がよかったのか・どこを改善すればよかったのかを見付ける
　有効だった手立て，改善が必要な手立てを見付けます。「子どもが動きを身に付けたり，より高めたりするために」という視点をもって見直します。見直す際も，人に聞いたり，本・資料を参考にしたりするとよいと思います。

　これら2つの手間をかけることにより，体育の授業は充実します。指導技術も大切ですが，まずは，「この授業でどんなことを身に付けさせているのか」を意識して授業をしましょう。こうすることで，体育の授業の質はどんどん高くなっていきます。

授業づくり

スキル2 授業の進め方のベースをつくり学びやすくする

　1時間ごとに進め方が違うということはあまりないと思いますが，運動領域や単元においては，大きく授業の進め方が変わるという先生もいるのではないでしょうか。
　子どもの学びを大切にするのであれば，授業の進め方のベースをつくっておくことをお勧めします。

◆私の授業の進め方
❶準備運動・試しの運動をする
　主運動につながる運動を行います。主運動につながる基礎的な動きが含まれていて，さらに，運動遊びのように楽しく運動を行うことができると一番よいです。ただし，水泳や器械運動の授業のときは，事故やけがのないように柔軟運動を行います。
❷子どもを「わかる」状態にする
　「わかる」状態とは，「動きのポイントがわかる」「自分の動きの状態がわかる」状態にすることです。動きについての理解を深めるために，ここで，示範やモデリングを入れてもよいと思います。
❸学習課題を設定し，見通しをもたせる
　「どんな動きをできるようにするのか」を学習課題とし，「どうすればできそうか」と聞き，見通しをもたせます。さらに，全体で学習課題を確認することで，学びの方向性を子どもたち全員に意識付けることができます。
❹「わかる」と「できる」をつなぐ
　ここが授業の山場です。友達とのかかわりを大切にして，学習課題を達成させるために，わかったことをもとに運動させます。この手立ては，スキル1でも触れましたが，子どもの実態に沿った場を体育を専門教科としている先生に聞いたり，体育の本や資料を参考にしたりするとよいと思います。
❺まとめ・振り返りをする
　動きのこつについて紹介し，全員で共有します。言葉でまとめたり，よい動きを紹介したりするとよいと思います。また，ここで次時の授業の学びの方向を決めてもよいと思います。

　「楽しく運動する」をベースに，「わかる」と「できる」をつなぐことを大切にするとよいです。このベースによって，子どもも年間を通して学びやすくなり，教師も授業づくりがしやすくなります。

スキル3 授業づくり
領域に合わせて運動する人数を変える

　スキル2では，授業の進め方のベースをつくるとよいと書きました。運動によって変えているのは，「全体・一斉」「チーム・グループ」「ペア」「個人」「能力別」というグループ編成です。
　ここでは，領域・主な運動ごとにどれくらいの人数で運動させるとよいのか。また，能力別指導のアリ・ナシについて触れていきます。

◆領域・主な運動ごとの運動させる人数
　ここに示す人数は，私が授業を行う際に組んでいる基本的な人数です。
❶体つくり運動
（１）折り返しの運動　　：個人（動きの習得）→４人組（リレー）
（２）長なわ　　　　　　：10人組
❷器械運動
（１）技の習得　　　　　：ペア（倒立の場合は３人組にすることもある）
（２）シンクロマット　　：４人組
❸陸上運動
（１）短距離・ハードル　：個人→タイム計測では同じくらいの走力ペア
（２）リレー　　　　　　：授業では２人組，運動会ではクラス半数
❹水泳　　　　　　　　　：個人→ペア（動きの習得）
❺ボール運動
（１）ゴール型　　　　　：４～６人組（ゲームでのプレー人数は３人）
（２）ネット型　　　　　：３～６人組（ゲームでのプレー人数は２～３人）
（３）ベースボール型　　：３～６人組（ゲームでのプレー人数も同じ）
❻表現運動　　　　　　　：個人（ウォーミングアップ），ペア（即興表現）
　　　　　　　　　　　　：４～５人組（題材表現・リズムダンス）
　　　　　　　　　　　　：クラス半数・全員（リズム・フォークダンス）

　ほとんどの運動領域では，能力差があるグループ編成をしていますが，水泳などでは，泳力別で授業を行うことが多いようです。
　私の経験では，泳力別にすると，泳げるグループは競い合いになり，泳げないグループは周りを見る子どもが少なく，どちらのグループも教え合いが見られませんでした。泳力関係なくペアを組ませると，泳げる子どもが泳げない子どもに運動のこつを教える姿が見られました。
　異能力集団で運動した方が，お互いに学び合うことができると考えます。

授業づくり

スキル4 目指す動きに必要な感覚・技能を把握する

　授業前に，子どもの運動意欲や運動技能などの実態を把握している先生は多いと思います。大切なことですが，それだけでは，十分とは言えません。
　実態把握に加えて，単元で取り上げる運動や身に付けさせたい動きに必要な運動感覚や運動技能を把握してほしいと思います。こうすることによって，子どもを「わかる・できる」ようにすることができます。

ここでは，身に付けさせるためには，どんな運動感覚や運動技能が必要かを考えやすい器械運動を例として取り上げます。

◆**器械運動**
❶**マット運動**
（１）後転
　　後方への回転，両手の着手，尻→腰→背中→手と頭の順に着地
（２）倒立前転
　　逆さ，腕支持，前方への回転，尻の下へのかかとの引き寄せ
❷**鉄棒運動**
（１）逆上がり
　　逆さ，腕支持，後方への回転，体幹の締め，足の振り上げ
（２）前方支持回転
　　逆さ，腕支持，前方への回転，背中を伸ばしての前方への倒れ込み
❸**跳び箱運動**
（１）かかえ込み跳び
　　両足踏み切り，腕支持，前方への乗り出し，突き放し
（２）台上前転
　　両足踏み切り，逆さ，腕支持，前方への回転

　このように身に付けさせたい動きにつながる運動感覚や運動技能を把握することができると，どのように運動させることで身に付けることができるかについて考えを広げることができるようになります。授業も「何を身に付けているか」から，「何を身に付けさせると，その動きができるようになるか」へと意識が変わってきます。
　また，子どもの実態把握の際も，詳しく聞き取りをするようになり，運動感覚や運動技能がどのくらい定着しているかを聞き取るようになります。

授業づくり

スキル5 身に付けさせたい感覚・技能から授業で行う運動を決める

　身に付けさせたい動きには，どんな運動感覚や運動技能が必要になるかを把握した後，授業でどんな運動を行うかを考えます。
　基本的な運動感覚や運動技能を身に付けさせるための運動にはどのようなものがあるでしょうか。ここで，運動例がたくさん紹介されている書籍を活用するとよいと思います。

ここでは，スキル４で挙げた「身に付けさせたい動き」の運動例を紹介します。

◆器械運動
❶マット運動
（１）後転
　ゆりかご，首倒立，坂道マット，Ｖ字マット
（２）倒立前転
　ゆりかご，よじのぼり倒立，カエルの足打ち，手押し車からの前転，かえる跳びからの前転，補助倒立

❷鉄棒運動
（１）逆上がり
　ふとんほし，だんごむし，前方かかえ込み回り（前だるま回り），足ぬき回り，タオル（おへそを鉄棒に付けた状態で行う）逆上がり
（２）前方支持回転
　ふとんほし，だんごむし，前回り下り，速い回転の前回り下り，前方かかえ込み回り（前だるま回り），つばめからの前方かかえ込み回り

❸跳び箱運動
（１）かかえ込み跳び
　うさぎ跳び，低い段の跳び箱への跳び上がり（手と足を一緒に付いた状態にしない），積み重ねマットへのかかえ込み跳び
（２）台上前転
　前転，（腕支持を意識した）大きな前転，跳び箱（１段）への前転

　この運動例は，取り組みやすい運動から挙げました。段階的に運動，指導することにより，子どもたちは「できる」に近づいていきます。この順序が全ての子どもに適しているとは限りませんが，段階を意識することにより授業の質は確実に高まります。

授業づくり

スキル6 運動を段階的に分けて行い 無理なく「できる」につなげる

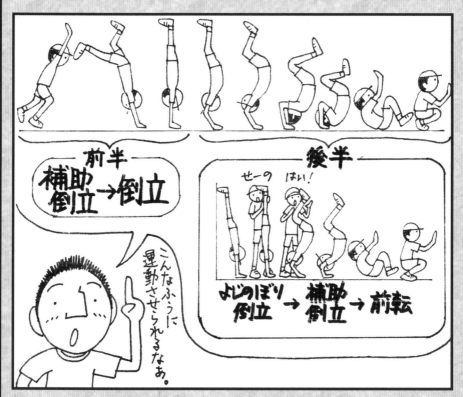

　スキル5で,動きを身に付けさせるための段階的な運動のさせ方や指導について少し触れました。この段階的な運動や指導については,多くの書籍で紹介されています。
　ここでは,段階的な運動のさせ方に加えて,1つの運動を分けて経験させることで「できる」につなげることについて紹介します。

◆マット運動
❶倒立
　①補助ありで倒立（腕支持・力の入れ具合などの感覚を味わわせる）
　②手を着いた状態で足の蹴り上げ（手の振り下ろしをしない）
　③手を振り下ろして足を蹴り上げる（足がより高く上がる）
　④補助2人（1人）倒立（③の動きから①の動きをとる）
　⑤倒立
　　まず，倒立の感覚を味わわせ，どうすればこの状態をつくることができるかを意識させます。次に，足の蹴り上げ動作を行います。それだけでは，腰を高く上げることが難しいので，手を振り下ろす必要性を感じさせます。

❷倒立前転
　①よじのぼり倒立から2人（1人）補助倒立
　②補助倒立からの前転（①の状態から前転する）
　③足を蹴り上げて補助倒立から前転（倒立静止場面で補助）
　④倒立前転
　　まず，よじのぼり倒立からの補助倒立をします。補助倒立からの前転を行い，倒立する子どもと補助する子どもの息を合わせて，倒立前転の後半を経験します。次に，足を蹴り上げて補助倒立をし，そこから前転します。

　段階的に運動させるだけでは，ただ運動するだけになる子どももいます。まず，身に付けさせたい運動の一番楽しいと思える動きを経験させます。そして，「その動きの前にどんな動きが必要なのか」「どうすればその動きができるようになるのか」を考えさせながら段階的に運動させます。こうすることで，「できる」につなげることができるだけでなく，運動意欲も持続させることができます。

授業づくり

スキル7 子どもの学びを支える学習課題を設定する

　みなさんは，学習課題をどのように設定していますか。教師が設定していますか。子どもの声や実態をもとに設定していますか。

　学習課題を設定して，課題意識をもたせて運動することで，子どもたちが考えて運動するようになります。ここでは，学習課題をどのように設定すればよいかについて紹介します。

❶学習課題の種類

　学習課題は,「（1）広い範囲のもの（内容的なもの）」「（2）狭い範囲のもの（方法的なもの）」に大きく分けることができます。

（1）広い範囲のもの（内容的なもの）

　「○○をするにはどうすればよいか」というように,運動しながら,動きのポイントをいくつも見付ける授業を行う際に設定することが多いです。

（2）狭い範囲のもの（方法的なもの）

　「どこで○○を△△すると□□ができるか」というように,タイミングや力の入れ具合などの「動きのこつ」を見付ける授業を行う際に設定することが多いです。

　※（1）は,単元の1時間目の授業で設定することが多いです。

❷学習課題の設定の仕方

（1）第1時

　多くの子どもは,「できるようになりたい」という願いをもっています。ただ,運動のポイントについては,よく知りません。ですから,その願いを学習課題とし,運動のポイントを見付けていきます。

（2）第2時以降

　運動のポイントはわかったものの,なかなか動きができるようになりません。子どもは,「ここがなかなかできない」という困り感をもちます。そのほとんどが,タイミングや力の入れ具合など「運動のこつ」に関わることが多いです。それを学習課題として,学びを進めていくとよいと思います。

　学習課題を設定することで,子どもは,「体のどの部分をどのように動かせば,その動きができるのか」を考えて運動します。友達と見合ったり,アドバイスし合ったりするときも,学習課題が「視点」となります。

　また,課題を意識していない子どもにも,「○○がどこに来たら力を入れるの？」と声を掛けて,考えて運動することを意識付けることができます。

スキル 8

授業づくり

動きの見通しをもたせて「できる」に近づける

　学習課題を設定すると、課題意識をもって運動するようになります。ただ、「腰を高くするにはどうするか」という学習課題のもとに、授業をスタートさせても、「子どもはどのように体を動かそうとしているのか」については把握できていません。そのために、学習課題をクリアするための見通しをもたせる必要があります。

❶見通しとは
　見通しとは，学習課題を達成するために，どのように体を動かすかをこれまでの学習や運動経験をもとに出された考えのことです。また，見通しは，学習課題に対する「まとめ」と位置付けることができます。

❷見通しをもたせることのよさ
　見通しをもたせずに運動させると，課題意識はもっているものの，どう動けばできるようになるのかわからないという状態になる子どもが出てきます。これでは，せっかく課題意識をもたせても，ただ運動するしかできません。
　見通しをもたせることにより，自分や友達の運動経験，これまでの学びをもとに「どうすればできるようになるのか」「動きのタイミングや力の入れ具合」といった「できるにつながるヒント」をもつことができます。

❸見通しをもたせるための言葉掛け
　見通しをもたせるためには，「どうすればできると思う？」という言葉掛けが基本ですが，それだけでは十分とは言えません。
○「前にこれに似た運動をしたことはなかったかな？」
○「どうしたら，その動きができるようになった？」
○「今日身に付けたい動きも，その動きのこつを生かせそうですか？」
○「どのタイミングで○○を△△するとよいですか？」
といった言葉掛けをして，「このように体を使えばできるようになる」という見通しをもたせます。

　見通しをもたせる際は，言葉だけで見通しをもたせてもよいのですが，モデリングさせたり，絵や画像を使ったり，動画を活用したりすることもおすすめです。
　見通しは，子どもたち全員が，動きを具体的にイメージできるようにしたいものです。

スキル9　授業づくり

「運動しやすい環境」をつくり，動きに慣れさせ，こつをつかませる

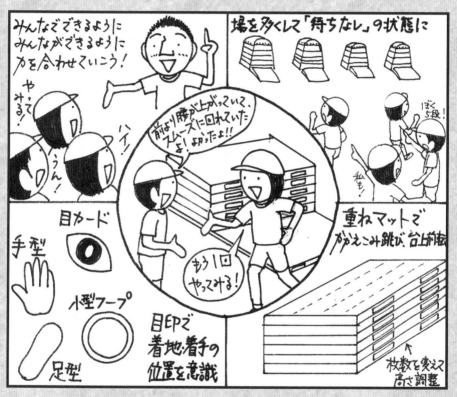

　体育が苦手な子どもは，「失敗したらどうしよう」「できなかったら格好悪いなぁ」と思いがちです。大切なのは，友達と一緒に安心して運動できる環境をつくることです。

　そのためには，見合ったり，試し合ったりすることができる「運動の雰囲気づくり」と「場づくり」が大切です。

❶運動しやすい環境とは何か

　運動しやすい雰囲気は，体育の授業だけでなく，普段の学級の雰囲気づくりが大きく影響します。何より肯定的な学級風土が大切になります。そこで，「みんなで・みんなができるようになろう」という言葉掛けをさまざまな学校生活の場面で行います。

　こうすることによって，運動が得意な子どもが苦手な子どもにアドバイスするだけでなく，運動が苦手な子どもが運動できる子どもにアドバイスできる状態ができます。そして，お互いに動きについて伝え合いやすい雰囲気になるだけでなく，安心して失敗できる運動しやすい環境をつくることができます。

❷場の工夫

　場の工夫は，運動しやすいことが最も大切であると思います。私が考える場づくりで大切なことは次の通りです。
○安全で，失敗してもけがをしにくいこと
○動きの補助があって，目指す動きができること
○自分の動きの定着度によって，つくりかえることができること
○大がかりでなく，子どもたちで準備・片付けができること
○子どもが待つことなく，何度も運動することができること
○運動特性を味わうことができ，楽しく運動できること

　「安心して運動できること」「何度も運動できること」「目指す動きの感覚を味わえること」により，子どもは動きのこつをつかみ，目指す動きを身に付けることができるようになると考えます。

　自由に見合い，伝え合い，安心して動きを試し合うことができる「運動しやすい環境づくり」を心掛けていきたいものです。

スキル10 授業づくり
「まとめ」をして，運動のポイントを意識させる

　このように、これまでの運動経験を想起させたり、よい動きをしている子どもをモデリングさせたりしながら、ポイントを見つけ、まとめとします。

そういえば…

前にバスケットボールをしたとき、どうやってパスを通した？

ハイ！

あっ！

1. 左右に動く。
2. 前後に動く。
3. パスのタイミングを合わせる。

なるほど！3つ見つけたね！！

左右に動いたり、前後に動いたり、タイミングを合わせたりした！

　「まとめ」は，設定した学習課題に正対していることがとても大切です。
　「まとめ」とは，知識として得たものをまとめたもの（一般的な運動のポイント）であると考えています。そして，運動する中で，「まとめ」が，「タイミング」や「力の入れ具合」へと，より具体的なものに変わっていきます。
　「まとめ」は，「できる」につながる起点といえると考えます。

❶「まとめ」をするタイミング
　1時間の授業の中で、どこで「まとめ」を行えばよいのか……なかなか「ここがよい！」ということは言えませんが、私は、次のタイミングで「まとめ」をしています。
（1）「学習課題の提示」後、「動きの見通しをもたせる」段階で出された見通しが、動きのポイントをおさえているとき
（2）見通しをもたせる段階で、「まとめ」ができないときは、「動きを見合い・試し合う」の後

❷「まとめ」を出させるためのポイント
　基本は、過去の運動を想起させながら、子どもの声でまとめます。ただし、ポイントから大きく外れていた場合には、画像や動画、示範の動きをモデリングさせるなどして修正を図ります。
（1）子どもたちのこれまでに行った類似の運動をもとにする
（2）試しの運動などの経験をもとにする
（3）動きができている子どもをモデリングさせる
（4）できている子どもの動きとできていない教師の動きを比較させる

❸「まとめ」をわかりやすくまとめるためのポイント
　まとめたことを運動するときに生かすことができるようにするために、次のことを大切にしています。
（1）動きの順序がわかるようにする（番号を付けるなどする）
（2）3つほどにする（多くても5つにおさえる）

　「まとめ」をすることで、ポイントを意識して運動するようになり、動きのこつをつかんでいくものと考えています。例えば、後転であれば、まとめの1つに「マットを押す」ということが出れば、「どのタイミングでマットを押すか」というより具体的な動きのこつに迫っていくことができます。

スキル11 授業づくり

「振り返り」をして，「できる」につなげる

まとめは内容（どんな動きか）
振り返りは方法（どのように体を動かすか）
で，表現するとよいです！

まとめ：手でマットを押す。
今だ！ くるん！
－後転－

膝が目の前を通る瞬間に手でマットを押したらスムーズに回れたなぁー。
こんな感じだった！
これが振り返り！

　「まとめ」は，内容的なものです。ですから，一般的な運動ポイントがまとめとされます。それに対して「振り返り」は，方法的なものです。つまり，「まとめ（一般的な運動ポイント）」をできるようにする方法を振り返りと言えます。
　ここでは，「振り返り」を自分の動きに生かす方法について触れます。

❶「まとめ」を「振り返り」に発展させる
　「まとめ」は，運動のポイントをまとめたものです。そして，「まとめ」をもとにして運動していく中で，子どもの思考は，「タイミング」や「力の入れ具合」など，より具体的なものに変わっていきます。
○「手でマットを押す（後転）」
　→『膝が目の前を通る瞬間に手でマットを押す』
○「肘を曲げ，体を鉄棒に引き付ける（後方膝掛け回転）」
　→『頭が真下に来そうなときに，肘を**ぎゅっと強く**曲げ，体を鉄棒に引き付ける』
○「相手がいないところに動いてパスをもらう」
　→『**手でパスしてほしい方向を示し**，その直後に相手と重ならない位置に動く・ずれる（ゴール型ゲーム）』
❷振り返りの観点を示す
　「振り返り」は，「まとめ」をもとにどのように体を動かしたのかや，できなかったけど，どうすればできそうかがわかったなどを整理することです。
　私は，３つの観点で振り返りを行っています。
○「で」：できたこと
　まとめに関わって，自分がつかんだ運動のこつについて書きます。
○「わ」：わかったこと
　できなかったけど，友達の動きを見たり，教師や友達から教えてもらったりした動きのこつについて書きます。
○「か」：感想
　今日の授業の運動に関して，思ったことを自由に書きます。

　この振り返りが，「ポイント」を「こつ」という具体的な動き方に変え，それを生かして「自分の動き」を高めます。つまり，「わかる」と「できる」をつなぐ重要な役割と言えます。

スキル12 授業づくり
ゲームに必要な動きを身に付ける練習ゲーム（ゴール型）

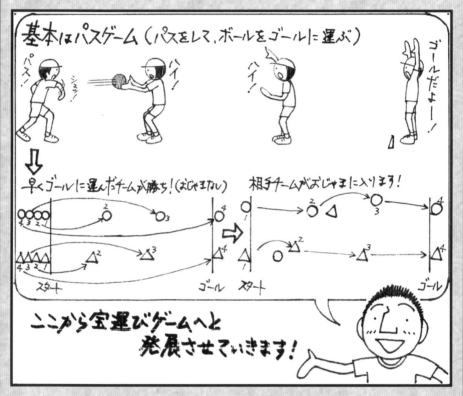

　ゴール型ゲームは，ボールをゴールに運ぶことが学習の中心です。
　そのためには，ボールを保持する人がドリブルかパスかを判断することと，ボールを持たない人がどこに移動すればパスをもらうことができるのかを見付けることが大切となります。
　ここでは，その動きを身に付けさせるための練習ゲームを紹介します。

❶ゴール型ゲームの練習ゲームの基本

　まずは，ボールを投げることと投げられたボールを受けることが基本になります。そこに，どのようにボールをつなぐかという動きも加えることでゲームに生かせるものになります。基本は「パスゲーム」です。

❷パスゲームを発展させる

　練習ゲームは，子どもの運動経験によって変えることが望ましいです。そこで，次のように段階を設定するとよいと思います。
（1）スタート地点からゴール地点まで並んだ状態から全員でパスをつないでボールを運ぶ。
（2）スタート地点に並んだ状態から全員でパスをつないでボールを運ぶ。
　　※（1），（2）は「1人1回のパスで，何秒でゴール地点に到達したか」で勝敗を競う。
（3）（2）のゲームに1人だけ敵チームの邪魔（守り）を入れる。
（4）攻めが3人で守りが1人でボール運びゲームを行う。
（5）攻めが3人で守りが2人でボール運びゲームを行う。
　　※（3）～（5）は「一定時間に何回ボールをゴール地点に運ぶことができたか」で勝敗を競う。

❸パスゲームに必要な基礎的な技能

（1）捕る

　ボールを挟むように捕るのではなく，顔の前に手の平を出し，左右の人差し指と親指で△をつくって捕球する。

（2）捕ったらすぐ投げる

　（1）のように捕ると，すぐに投げることができる。ゴール型ゲームでは，速いボールを投げるより，捕球後の速い投動作が大切になる。

　パスゲームを通して，ボールを保持時の動きとボールを持たないときの動きの両方を学ばせていきます。

授業づくり

スキル13 ゲームに必要な動きを身に付ける練習ゲーム（ネット型）

　ネット型ゲームは，ボールを相手がとれないところに落とすことが学習の中心です。

　そのためには，ボールの落下点を予想して，その場所に素早く動くことと，ボールをねらった場所に落とす技能を身に付けることが大切となります。

　ここでは，その動きを身に付けさせるための練習ゲームを紹介します。

❶ネット型ゲームの練習ゲームで身に付けさせたいこと

　ラリーの仕組みをもとに，攻守それぞれの場面で必要になる動きを身に付けます。
（１）攻め　①ボールを正確に上げる。（トス）
　　　　　　②相手がとれないところに落とす。（アタック）
（２）守り　①相手の返球の落下点を予測する。
　　　　　　②落下点に素早く移動する。
　　　　　　③ボールを正確に拾う。（レシーブ）
　　　　　　※レシーブは攻めと守り両方に共通していると言える。

❷ネット型ゲームの練習ゲーム「なかよしゲーム」

　なかよしゲームとは，ラリーを続けるゲームです。何回ラリーを続けることができたかを競います。このゲームの利点は，次の通りです。
（１）❶で紹介した動きを全て行うことができる。
（２）逸れたボールに対しても，相手が打ちやすいボールを返球できるよう
　　打ち方を調整することにより，力加減などのこつをつかむことができる。
　　①力の入れ具合を調節することができる。
　　②手首を考えて使い，方向を調節することができる。

❸なかよしゲームで高めることができる技能

（１）相手からの返球を見て，方向や強さを含めた落下点を予想する。
（２）予想した落下点に移動する際に，腕を引きながら移動するなど，次の
　　準備をして打ち返す。

　このゲームを通して，２つの技能を高めるだけでなく，腕を後ろに引きながら落下点に移動するという，次の動きの準備が大切であることに気付かせたいところです。

授業づくり

スキル14 ゲームに必要な動きを身に付ける練習ゲーム（ベースボール型）

　ベースボール型ゲームは，ボールを打って相手がとれないところに落とすこと，アウトにならないように走塁すること，相手の打球を捕球して素早く送球してアウトにすることが学習の中心です。
　そのためには，「どこに打つ」「どこまで走る」「落下点を予想して動く」「進塁の状況を判断して送球する」ことが大切となります。

❶ベースボール型ゲームの練習ゲームで身に付けさせたいこと
　打つ・走る・捕る・投げるといった攻守それぞれの場面で必要になる動きを身に付けます。
（1）攻め　①打つ　　・強く遠くに打つ
　　　　　　　　　　・ねらって打つ
　　　　　　　　　　・高低左右に打ち分ける
　　　　　②走る　　・打球の距離と方向を見て進塁を判断する
　　　　　　　　　　・速くねらった塁に到達する
（2）守り　①捕る　　・打球の方向と距離から落下点を判断する
　　　　　　　　　　・捕球後の送球がすぐにできるよう顔の前で捕る
　　　　　②投げる　・捕球後，すぐ投げる
　　　　　　　　　　・ねらったところに速く投げる

❷ベースボール型ゲームの練習ゲーム「かっとばし」
　かっとばしとは，塁などではなく20mラインを引き，遠くに打つことに特化したゲームです。そこに，塁を加えるなどすると，徐々に本番ゲームに近づけることができます。
　ただ，はじめは「かっとばす」ことを身に付けさせることだけを大切にしてほしいと思います。そのために，次の2つのことを大切にします。
（1）テークバック・インパクト・フォロースルーを身に付けさせる。
（2）ボールの真ん中より少し下を打つと飛ぶことに気付かせる。
（3）20mをライナーで越えるか，速いゴロで越えることをめざす。

　練習ゲームであるかっとばしをベースにして本番ゲームを設定することで，大きなルール変更や追加をする必要がないため，練習ゲームの学びを本番ゲームに生かしやすくなります。
　遠くに打つことで，守る必要性が生まれます。打つ技能を身に付けることは，学びをより深めるために大切なことであると言えます。

授業づくり

スキル 15

はしご・入替式ゲームで見取りやすく・指導しやすくする

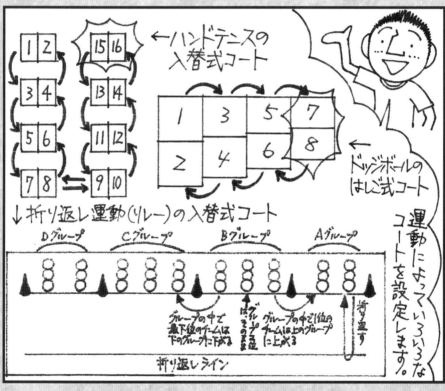

　チームで運動させるときに難しいと思うことは，「チームの困り感についての見取り」と「落ち込んでいるチームへの指導」です。チーム内の子どもの技能差，チーム間の技能差が難しくしていると感じます。

　「見取り」と「指導」を確実に行うために，私は，「はしご・入替方式」でゲームの場をつくっています。

❶「はしご方式」
（1）主にドッジボールやハンドテニスなどのボール運動で行う。
（2）勝ったら上のコートへ，負けたら下のコートに移動する。
（3）ドッジボールでは，下のコートに行くにつれてをコートサイズを小さくするなど，投力に応じて変えてもよい。

❷「入替方式」
（1）主に折り返しリレーで行う。
　　※ボール運動でも，コートに順位を付けるとこの方式で行うことができる。
（2）2チームか3チームごとに対戦する。
（3）3チームの場合は，1位は上のコートへ，2位は今のコートに残り，3位は下のコートに下がる。2チームの場合は，1位は上のコートへ，2位は下のコートへ移動する。
（4）最下位チームは，少し前からスタートさせるなど，上のコートに上がることができ，運動意欲を低下させない配慮をする。

❸「教師の動き」
（1）最下位のコートにいて，なかなか勝つことができないチームにアドバイスする。
（2）上手く動くことができない原因を見付け，具体的にアドバイスを行う。
（3）できたことを具体的に伝え，どんな動きが身に付いているのかを明らかにし，負けたという結果だけで授業を終わらせない。

　はしご・入替方式のコートにすることにより，一番アドバイスを必要としている落ち込みの大きいチームの見取りやアドバイスもしやすくなります。また，順位の入替によって，同じ強さのチームと競うため楽しく運動することができます。

授業づくり

スキル16 動きを限定して運動しやすく，学びやすくする

　「一連の動き」という言葉の通り，動きは1つだけではありません。いくつかの部分がつながって一連の動きをつくっています。
　私たちは一連の動きをそのまま子どもたちにさせがちです。しかし，それではなかなかできるようにはなりません。学ばせたい動きを絞ることで，子どもは運動しやすくなり，学びを深めることができます。

❶動きの限定とは
　運動を分けて考えることと重なるのですが，単純に運動を分けるのではありません。子どもが怖いと思う部分をなくしたり，軽減したりすることにより運動しやすくすることです。
❷動きの限定例
（１）後方膝掛け回転
　これは，桐蔭横浜大学の松本格之祐先生から教えていただいたものです。後方膝掛け回転では，鉄棒の上から後方に回転し始めるところを怖いと感じてしまうために，肘を曲げて体を鉄棒に引き付けるという技能が身に付かないことが多いです。
　そこで，片膝を鉄棒に掛け，片足を床につけた状態から回転し始めます。こうすると，鉄棒上からの回転よりも落差を感じないため運動しやすくなります。
（２）かえるの足打ち・倒立
　かえるの足打ちや倒立をするには，足の蹴り上げとともに，手の振り下ろしの勢いが必要です。しかし，手を振り下ろす動きによって，頭を床に近づけるため，その落差を怖いと感じます。そのため，背中に力が入ってしまい，腰を高くできないということがあります。
　そこで，床に手をついたまま，足の蹴り上げをします。そうすることで，怖さが軽減されるため，腰を高く上げようという意識をもつことができるようになります。

　この他にも，スキル６「動きを分けて考える」のところで紹介した倒立前転の後半部分も動きの限定と言えます。前半の倒立をなくしたことで，倒立姿勢からどれくらい倒れたところで前転するのかを考えることができるからです。
　段階的な運動の場づくりや指導も大切ですが，この動きの限定も大切だと思います。

スキル **17** 　授業づくり

「お手伝いタイム」で子ども同士のかかわりを増やす

　「さあ，教え合いましょう！」と言って，すぐに動く子どもがいるクラスは，協働的な学びが習慣化しているクラスだと思います。
　友達の動きを見ることや教え合うことが習慣化していないクラスもあるかと思います。ここでは，そんなクラスの子どもたちをかかわり合わせる手立てについて紹介します。

❶かかわり合わせるために
（1）個人の目標を明らかにする

　かかわらせる前に，動きができる子どもとできない子ども，それぞれに，かかわらせることのよさを明らかにするとよいと思います。

　動きができる子どもには，どうすればできるかを友達にわかりやすく伝えることで，何となくできている動きが確実にできるようになることを話します。

　動きができない子どもには，友達の動きを見て，どうすればできるかを考えることと，見付けたこつを何度も試すとよいことを伝えます。

（2）クラス（集団）の目標を明らかにする

　「クラスみんなでできるようになる」ことを目標とすることと，どうすればその目標を達成できるかを子どもたちに聞くことで，かかわり合える環境が整います。

❷どのようにかかわり合わせるか

　グループで活動させるだけでは，全員がかかわり，教え合う状況になりづらいです。そこで，「お手伝いタイム」を設定します。「お手伝いタイム」とは，動きができる子どもが，動きができない子どもに教える時間です。

（1）時間は5分間
（2）動きができる子どもは赤帽子，できない子どもは白帽子にする
（3）赤帽子と白帽子でペアを組んで活動する
（4）授業で設定した場は自由に使ってよい
（5）動きができるようになったら帽子の色を変える
（6）5分経ったら，「できるようになった・もう少し」など評価する

　はじめは，ペアを組むことで時間がかかることと思います。でも，活動に慣れていくと，「教えるよ！」「教えて！」と自分の意思を表示して，進んで活動できる子どもが増えていきます。

スキル18 授業づくり

運動の場づくりを工夫して運動時間を確保する

「先生,早く!」
「ちょっと待って。では,ここの道具を片付けてください」
　これは,授業前半の場が後半の場にかぶり,授業が進まなくなったときの会話です。この後,場づくりに時間がかかってしまって,運動時間が確保できませんでした。そこで,次のような工夫をしてみてはいかがでしょう。

❶場がかぶらないように設定する
（1）場を2つに分けてつくっておく
　スペースがあるときは，授業のはじめに2つの場をつくっておくとよいです。
・鉄棒－マット，跳び箱－鉄棒（体育館の前・後ろ）
・フィールドでボール運動－砂場で走り幅跳び（グラウンド）
（2）広い場から狭い場にする
　前半は広い場で運動し，後半は狭い場で運動すると，前半で使い終えた用具を脇などに置いたまま，後半の運動を行うことができます。
・トラックでドンジャンケン－フィールドでハードル走（グラウンド）
・全体を使った長なわ－半分を使った折り返しの運動（体育館）

❷用具の出し入れを減らす
（1）用具多から用具少にする
　増やすときは，どこに置くかの指示が必要ですが，減らすときは，下げるものを指示するだけでよいです。
・チームごとの練習ゲーム→チーム対抗の本番ゲーム
（2）共通のラインや場を利用する
　前半の運動と同じラインを使って，後半の運動を行います。新たにラインを引く必要がありません。
・直線コースを使ったドンジャンケン→同じコースを使ったリレー→直線コースを2分するセンターラインを使ったネコとネズミ

　場づくりを考える際は，「授業のはじめに集合する場所からどのように運動の場に動くのか」「運動した後，次の運動を行うときにどのような用具の準備がいるのか」などイメージするとよいです。
　言葉での指示が難しい場合は，用具の配置を図で示すなど授業の場の図を用意しておくとよいです。

スキル19 授業づくり

場やルールを工夫してけがを減らす

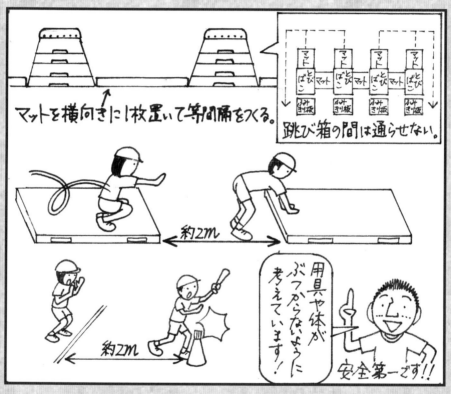

　体育の授業中，運動していて友達とぶつかったり，友達の足が顔に当たったりしてけがをすることがあります。どうしてけがをしたのかについて見ていくと，子どもの不注意以外にも，場のつくり方やルール設定に原因がある場合があります。ここでは，けがを防ぐ場づくりやルールの工夫について述べていきます。

❶けがをしにくい場づくり
（1）マットの置き方
・マット間は2m程度開ける
・1枚ずつ置き，行う技によって連結させる
（2）跳び箱の置き方
・跳び箱の間は，マット1枚を置き，等間隔にする
（3）ゲームを見る人の位置
・前後半制で，運動しない子どもを待たせるためにコートの外に線を引く。
・次に打つ子どもを待たせるために，打つ子どもから2m離れたところに線を引く
❷けがをさせないマネジメント
（1）次に待つ人の位置
・鉄棒運動：鉄棒から2mは離れさせる
・ベースボール型ゲーム：バッターから2m離れさせる
　　　　　　　　　　　　バットを振る方向に立たせない
（2）運動を終えて元の位置に戻る動線
・リレーや跳び箱運動では，列の間を通るのではなく，真ん中を中心に右3列は右端を，左3列は左端というように端を通って戻らせる
（3）運動する方向
・ボールを投げたり，蹴ったりするときに，場を縦に使うのか横に使うのかを決める
・マット運動で，右から左に演技するなど方向を決める
・鉄棒運動で，次の人の方を向くのか，次の人に背を向けるのかを決める

　これだけでは十分とは言えません。それは，運動しているうちに，子どもが線から出てしまったり，用具の位置がずれてしまったりすることがあるからです。何より大切なのは，授業中の安全について教師が目を配ることだと思います。

スキル20 授業づくり
個性を明らかにしたグルーピングをする

 体育の授業において、チーム分け・グルーピングはとても大切です。それは、運動する際に、チームやグループで見合ったり、教え合ったり、励まし合ったりすることが多く、それによって「わかる」と「できる」を増やすことができるからです。
 ここでは、グルーピングする際に大切にしていることについて書きます。

❶グルーピングする前
（1）いろいろな面からの子どもの実態把握
　体育授業ですから運動技能と体格をもとにグルーピングすることが多いと思いますが，チームやグループを機能させるためには，次のような要素も大切にするとよいです。
・運動技能：授業に関わる技能（基礎技能も含む）
・思考力　：見て気付いたり，どうするかを考えたりする力
・表現力　：自分の考えを話す力
・性格　　：のんびり，短気，世話好きなど
・体格　　：身長の高中低，肥満など

（2）単元・授業づくりに関わること
　「グラウンドや体育館の広さ」「コートの数」「クラスの人数」などをもとに次のことを決めます。
・チームやグループ数
・チームやグループの人数と男女比

❷グルーピングする
（1）運動技能→思考力→表現力→体格の順で
　まずは，運動技能をもとにしますが，思考力や表現力なども考えてグルーピングします。こうすることで，動ける子どもが動けない子どもに教えるという一方通行の状態も減ります。

（2）組んだ後にもう一度確認
　グルーピング後，必ず見直します。そのときは，ゲームをしているときの子どもの様子をイメージするとよいです。

　運動技能が「高い」「普通」「低い」……これだけでグルーピングすることはおすすめしません。特に，よくないのは「普通」という分類です。多面的に実態を見て，子どもたち一人一人の特性をもとに，グルーピングすることが大切であると考えます。

スキル21 授業づくり
教え合うことの大切さを伝え活性化させる

　スキル20で，グルーピングの大切さを伝えましたが，そのチームやグループを体育授業で機能させることがとても大切です。

　発達段階にもよりますが，低・中学年では，チーム・グループ内でもめることが多いです。ここでは，チームやグループの教え合いを活性化させる教師の言葉掛けについて述べていきます。

❶チーム・グループ内でのもめる主な内容
（1）運動が得意な子どもが全て決める
　得意な子どもが，ゲームの進め方，練習内容などを決めてしまう。苦手な子どもはただ従うだけになっている。
（2）運動が得意な子どもが運動が苦手な子どもを非難する
　どうすればできるのかを伝えず，苦手な子どもの意欲を低下させている。
（3）運動が得意な子ども同士，運動が苦手な子ども同士でペアを組む
　自分が楽しむことが優先されていて，チームやグループで高め合うことが意識されていない。
（4）運動できない子どもが動かない・ゲームに参加しようとしない
　運動を楽しめず，苦手な子どもが運動しようとしない。得意な子どもへの不満が出ることもある。
❷教師の声掛け
（1）チーム・グループ・全体に対して
　「みんなでできるようになろう」「みんなでできた喜びを味わおう」
（2）運動が得意な子どもに対して
　「ぜひ，こつを使って苦手な友達をできるようにしてください」
　「チーム（グループ）のみんなにできたうれしさを味わわせてください」
（3）運動が苦手な子どもに対して
　「友達をよく見て動きのこつを見付けたり，友達に聞いたりしよう」
　「動く経験をたくさんしてください」

　大切なのは，誰も落ち込ませないことです。「みんなができる」「みんなでできる」ということを最大の目標にして授業を進めます。できる子どもには，できない子どもに対して寄り添うことを，できない子どもには，できる友達にこつを聞きながら何度もトライすることを伝え，励ましながら，ちょっとだけ個別指導をします。

> スキル 22　マネジメント

痛くない教具で
思い切り運動させる

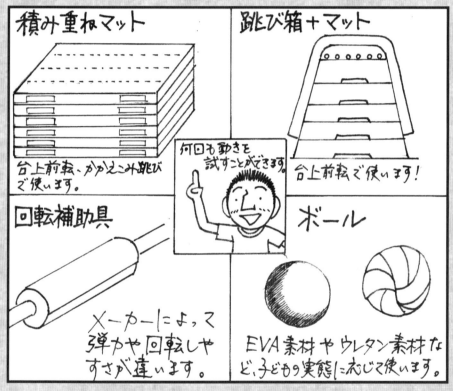

　跳び箱や鉄棒運動，ボール運動をしていると，得意でない子どもがあまり運動しようとしないことがあります。その子どもたちに理由を聞いてみると，「跳び箱が怖いから」「腹や膝裏に鉄棒がくい込んで痛いから」「ボールが痛いから」という答えが多くありました。ここでは，主に器械運動で子どもの痛みを軽減することができる教具を紹介していきます。

❶跳び箱運動

（１）積み重ねマット

　体操マットを積み重ねて使います。主に台上前転やかかえ込み跳びの練習で使います。マットなので，ぶつかったり，強く乗っかったりしても痛くありません。

（２）跳び箱＋マット

　跳び箱の上にマットを乗せます。主に台上前転の練習で使います。使うマットは柔らかめで，跳び箱の形状にフィットするものがよいです。

❷鉄棒運動

（１）回転補助具

　だるま回りや膝掛け回転のときに使います。メーカーによって弾力のあるものや回転しやすいものなど特徴があります。

（２）回転ベルト

　逆上がりのときに使います。逆上がりの上がるタイミングや回転感覚を味わわせることができます。タオルでも代用できます。

❸ボール運動

（１）サッカー

　ボールの空気を抜いて柔らかくします。当たったときの痛さの軽減もありますが，バウンドしないので扱いやすくもなります。

（２）ハンドボール・バレーボール

　子どもの実態に応じて，ボールの手触りのいいものを選んでいます。EVA素材やウレタン素材のボールをよく使います。

　子どものわかるとできるを増やしたり，わかるとできるをつなぐためには，何度も運動を試すことがとても有効です。何度も運動を試すには，あまり痛くないことが大切であると考えます。

　そのために，柔らかい素材を使ったり，体を支えたり，空気を抜いたりして痛さを軽減させて，運動をしやすくしてほしいと思います。

スキル 23 **マネジメント**

3つの授業の約束で体育授業の基礎をつくる

　「授業のきまり」を伝えている先生は多いと思います。「みんなで楽しく，安全に運動しましょう」「わかるとできるを増やしていきましょう」と伝えることもよいと思います。ただ，この約束だと，授業を進める中で，「約束の追加」が出てくることが考えられます。後付けの約束は，定着しませんし，あれやこれやと細かく約束を伝えても多すぎて覚えられません。

私は，子どもたちに「３つの約束」を伝えています。そして，ただ約束を伝えるだけでなく，その効果も必ず伝えることを大切にしています。
❶約束の内容と効果
（１）全力で運動する：自分に必要な動きを身に付けたり，体力を高めたりすることができるようになりますよ。
（２）考えて運動する：どうすればできるようになるのかがわかるようになりますよ。できるようになりやすくなりますよ。
（３）友達と協力する：よい動き方や自分の動きがわかったり，動きのこつを見付けたりできるようになりますよ。
❷約束を定着させる方法
（１）３つの約束をもとに，よい動きを紹介・評価する
　運動中だけでなく，授業のあらゆる場面で，３つの約束をもとに評価します。
①集合，整列
・走って集合：「全力で授業を受けようとしてくれてうれしいよ」
・素早い整列：「どうすべきか考えて動いていていいですね」
②授業準備・片付け
・友達と一緒に用具運び：「友達と協力できていてすばらしいね」
・素早い準備，片付け：「全力で動いてくれていいですね」
（２）３つの約束をもとに，よくない動きをする子どもを指導する
　よくない動きによって，どんな困ったことが起こるかを理解させます。基本的には，個人名を挙げずに全体指導をするか，個別指導にするかのどちらかとします。

　一番よくないことは，約束しただけの状態にすることです。教師自身が意識し続けることが定着にとって一番大切です。
　たった３つの約束ですが，追加する必要はありません。それは，紹介した通り，さまざまな場面における子どもの動きに対してあてはめることができる約束だからです（こじつけですかね。笑）。

> スキル 24　**マネジメント**

リズム太鼓で
リズムとタイミングをつくる

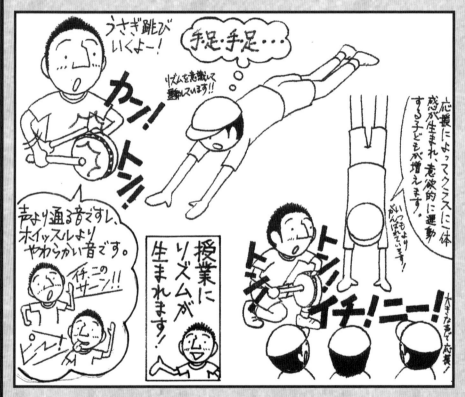

　私は，体育授業で太鼓を使っています。15年ほど前に，筑波大学附属小学校の体育授業を参観したことがきっかけです。授業に声や笛以外の音があることに驚きました。

　今回は，体育授業でぜひ取り入れてほしいグッズの1つである「太鼓」を取り上げ，「太鼓のよさと使い方」について紹介します。

❶太鼓のよさ
○声よりも響きやすい上に耳に届きやすく，ホイッスルよりも柔らかい音を出すことができる。
○打ち方で強弱をつけたり，鼓面と縁とで違う音を出したりすることができる。

❷太鼓の使い方
（1）動きのリズムをつくる
　「トン・カン」「トトン・トトン」などリズミカルに太鼓を打つことで，リズムを意識させながら運動させることができます。
（2）動きの速さを表す
　「トン・トン・トン・トン」「ト・ト・ト・ト」「カ・カ・カ・カ」など，動きの速さを表すことで，足をどんな速さで着くかなど，体の部位をどんな速さで動かすかを意識させることができます。
（3）動きのタイミングをとる
　「トン・カン・**トトン！**」と強調する打ち方で，どのタイミングでどんな動きをすればよいのかを意識付けることができます。
（4）回数を数える
　「トン・トン・トン・・・」という太鼓の音に合わせて，「イチ・ニ・サン・・・」と応援しているみんなで数えます。こうすることで，クラスに一体感が生まれます。

　このように，リズム太鼓は，動きのリズムや速さ，タイミングをつかませることに大変適しています。また，集合や動き始めの合図など，テンポよく授業を進めるために使うこともできます。
　リズム太鼓の使い方に「決まった型」はありません。自分の授業の必要な場面で自由に使うことができるすばらしい教具だと思います。

スキル25 マネジメント
集合の様子で運動意欲を見取る

「はい。始めるよ！集合してください！」
「じゃあ，今からやってみるから，こっちに集まって！」
　教師が声を掛けると，子どもたちは集合します。どのように集合するかをよく見ている教師は多いことと思います。そのときに，遅い子どもがいたら，「早く集合しましょう」と注意するだけで終わっていませんか。

私も集合が遅い子どもたちに声を掛けますが，集合の様子から，子どもたちの運動意欲を見取ろうとしています。ここで紹介する子どもの姿は，私がこれまでに行った授業で見られたり，聞き取ったりしたものです。

❶子どもの姿
○授業開始時の集合から準備，運動中の集合，片付けなど，全ての行動がだらだらしていて遅い。
○友達の試技や教師の示範を後ろの方で１人で見ている。
○友達の試技や教師の示範を数人の友達と授業に関係ない話をしながら見ている。
○準備や片付けをせずに友達としゃべったり，じゃれ合ったりしている。
○運動する列の後方に並び，なるべく運動する回数を少なくしようとしている。

❷集合が遅い原因・理由
○体育の授業が苦手・嫌い。
○その日の授業の運動が苦手・嫌い・自信がもてない。
○体や心の調子が悪い。
○指示を聞いていない。

❸教師の働き掛け
○どう動くとできるようになるか（動きのこつなど）を伝える。
○安全に運動する方法（場の使い方やお手伝いの仕方など）を伝える。
○友達と楽しく運動する方法（見合いや教え合いの仕方など）を伝える。

　集合が遅いということだけを注意して終わるのではなく，その裏にある子どもの気持ち（原因や理由）を見取ることが大切です。子どもに，「どうした？」とひと声掛けることで，見えてくるものがあると思います。そして，何より大切なのが，見取った後，教師がどのように働き掛けるのかであると思います。

スキル 26 **マネジメント**

目的に応じて集合・並び方を変える

　みなさんは，体育の授業中に集合させる際，どのような並び方をさせていますか。毎回，体育並びで集合・整列させていませんか。どんなふうに集めることがよいのかなど，目的に応じた並びを大切にして子どもたちを集めるようにしてほしいと思います。ここでは，私が授業で行っている3つの並び方を紹介します。

❶体育並びで集合
　体育授業の基本となる並び方です。授業の始めや学習課題の確認時など，教師の話をよく聞いてほしい場面では，この並び方で集合させています。私は，縦並び4列を体育並びとしていますが，横並びでもよいと思います。
　低学年では，まずこの並びを素早くできるようにさせたいものです。
❷チームごとに集合
　主にボール運動や表現運動のときにこの並び方で集合させます。授業始めや学習課題の確認の際には，チームごとに縦並びで並ばせます。ゲームの振り返りをする際は，チームごとに丸くなるよう指示します。
❸グループごとに集合
　器械運動や表現運動などで小グループをつくって運動しているときにこの並び方で集合させます。グループごとに集まって動きのモデリングをして，グループでの話合いを活性化させます。
❹円の中に集合
　教師が，「この円の中に集まれ！はみ出してはいけません」と指示をして集合させます。年度初めや長期休み明けの体つくり運動で行うことが多いです。友達とかかわらせたいときや男女で運動することへの抵抗感を和らげたいとき，教師の指示を聞く姿勢を育てたいときに使っています。
❺動きを見やすい場所に集合
　「今からやってみるので，横から見てください」というように，友達や教師の動きをモデリングする際に，どこから見るとよいのかを伝えます。習慣化すると，自分で考えて動きを見やすい場所に動くようになります。

　集合させる際は，整列させるのか，バラバラでもよいのか，そもそも集める必要性があるのか，についても考えてほしいと思います。集合させるときは，「学習課題が意識されていない」「動きのポイントやこつが意識されていない」「チームやグループで運動する意識が高まっていない」など，全体で確認する必要があるときが適していると思います。

> **マネジメント**
>
> # スキル27 目線の高さを変えて伝わるように話す

　みなさんは，子どもに話をするときに立って話しますか？　しゃがんで話しますか？　もしかして，あまり意識していませんか？　目線の高さは，とても大切です。同じ目の高さであれば「フラット目線」，上から見れば「上から目線」となります。私は，目線の高さを授業の中で意図して使い分けています。
　ここでは，目線の高さの使い分けについてお伝えします。

高い位置から子どもを見て話すとき，強い印象を与えます。そして，同じ目線であれば，フラットな感じになります。ぜひ，目線の高さを使い分けてほしいと思います。

❶高い目線で話すとき
　高い目線で話すときは，子どもたちに教えたり，指導したりするなど，強く伝えることが多いです。
（1）学習課題を設定したり，本時のまとめをしたりする
（2）動きのポイントを説明する
　　※短い時間で説明するとき
（3）示範する子どもの動きのよさを伝える
（4）全体の人数や状況を把握する
（5）よくない行動や言動をした子どもに指導する

❷同じ目線で話すとき
　同じ目線で話すときは，子どもたちに考えさせたり，子どもたちに思いを話させたりすることが多いです。
（1）授業のあいさつをする
（2）動きのポイントを説明する
　　※動きのポイントをていねいに説明する場合
（3）子ども同士をかかわらせる場面で，アドバイスや質問などをする
（4）チームで活動する場面で，アドバイスや追発問をする
（5）子ども同士がもめたり，運動していてできないなど困ったりしたときの思いを聞く

　このように，子どもたちに伝えたり，考えさせたり，表現させたりするなど授業の場面に応じて目線の高さを変えます。また，話す時間が長いときは，同じ目線にして首が痛くならないようにします。
　このようにすることで，教師の話を聞くようになったり，自分の考えを話しやすくなったりします。

スキル 28 **マネジメント**

具体的に叱って改善点を確実に伝える

　みなさんは，体育の授業中に叱ることはありますか。時間を守らない，用具を準備したり片付けたりしない，といったことで叱ることもあることでしょう。
　私は，友達の学びを邪魔したり，事故やけがにつながることをしたりしたときに叱ります。ここでは，どんなときに，どんなふうに話すのかをお伝えします。

❶運動している友達の邪魔をしたり，笑わせたりした

→教師の言葉掛け

「友達をけがさせるところでしたよ。運動中の事故は，大けがにつながることがあります。絶対にしません。運動の邪魔をするより，友達ができるようにコツを教えてあげてください。動き方を見せてあげてください。笑わせるより，友達ががんばることができるよう励ましの声をたくさん掛けてあげてください」

❷友達が運動しているときに動きを見ずに適当に補助していた

→教師の言葉掛け

「みんなができるようになった方がいいよね。あなたが友達の動きを見て，ここをこうしたらできるようになるんじゃないかなと伝えることができたら，きっともっと早くできるようになると思うよ。友達の動きを見て課題を見付けてください。そして，友達にどうすればできるようになるかを伝えてあげてください」

❸授業の準備や片付けをしようとしなかった

→教師の言葉掛け

「みんなで準備や片付けをすることで，運動する時間を多く確保することができるよ。みんなで準備や片付けをして楽しく運動する時間を増やさないかい」

　叱り方でよくないのは，「そんなことをしちゃいけません！」「ちゃんとします！」という具体性のない言葉です。どうしていけないのか。どうするとよいのかについて伝えることを意識してほしいと思います。また，そのような行動の裏にある子どもの心の動きについて考えることも大切です。このようにして，負の方向から正の方向に転換させてほしいと思います。

スキル29 マネジメント
つまずきに合ったアドバイスをする

　運動のポイントを伝えたけど，なかなかできるようにならないという相談を受けることがあります。ポイントを知ることは，あくまで「わかる」状態になっただけです。大切なのは，「できる」状態にすることです。その手立ての1つに，個人の課題に合ったアドバイスをすることが挙げられます。ここでは，個人の課題に応じたアドバイスについて述べます。

❶アドバイスできるようになるためにしておくこと
（１）運動の特性を知る
　できるようにするには，何度も繰り返して運動することが大切です。そのためには運動の楽しさを感じさせることが必要です。運動すること自体の楽しさを感じさせるために，運動の特性は知っておいてほしいと思います。
（２）運動のポイントを知る
　できるようにするには，運動のポイントを知っておくことは絶対です。そして，動きができるようになるために，いくつかある運動ポイントのうち，これだけは絶対外せないポイントをおさえておくことが望ましいです。
❷授業中に意識すること
（１）子どもの動きの課題を見付ける
　アドバイスする子どもは，友達に積極的に質問することなく，何度もくり返して練習に取り組んでいない子どもを最優先にします。その子どもの動きを観察して，一番の動きの課題を見付けます。
（２）１つずつアドバイスする
　見付けた課題をクリアするための動きのポイントの中から，一番効きそうなことをアドバイスします。１つのアドバイスでできるようになるとは思わない方がよいです。アドバイスしたことができたら，そこをほめると共に，次のアドバイスをします。こうすることで，自分の動きの高まりを実感することができるようになります。

　「これさえすればすぐにうまくいくか？」と聞かれれば，「うまくいかない」と答えます。それは，アドバイスする経験を重ねることがとても大切だからです。子どもの動きを見て課題を見付けることと，動きを変える（課題をクリアする）ために１つだけアドバイスすることは，何度も経験しないと身に付かない教師のスキルだからです。

スキル30 マネジメント
多くの子どもに声を掛け意欲と技能を高める

　1時間の授業で、何人の子どもに声を掛けていますか。また、どんな言葉を掛けていますか。

　私は、1時間に最低でも2／3（大体20人くらい）の子どもには声を掛けるようにしています。そして、「わかる」や「できる」を増やしたり、意欲を高めたりすることができる言葉を掛けています。

昔は，動きができた子どもには，「いいね」「うまいね」「ナイス」，動きができなかった子どもには，「惜しい」「もう少し」といった何とも具体性のない言葉を掛けていました……恥ずかしい限りです。
　最近は，運動できる子ども，運動できない子どもに対して，次のような言葉を掛けています。

❶運動できる子どもへの言葉掛け
　動きができる子どもは，どんな動きがよいのかを具体的に伝えるようにします。また，動きができるようになった子どもには，できるようになったことをほめるとともにどうしてできたかを聞きます。
・「○○の動きがいいね」
・「前より○○の動きが大きくなったね」
・「すごい！できるようになったね！どうしたらできたの？」
・「できたことを，○○さんにぜひ教えてあげてよ」

❷運動できない子どもへの言葉掛け
　動きができない子どもには，動きのアドバイスが主になります。できるにつながるよう具体的な言葉掛けをすることはもちろんですが，何に困っているのかを聞くことも心掛けます。
・「つま先をもっと上の方に蹴り上げてみよう」
・「もう少し腰を上げると楽に回れるよ」
・「右が空いてるよ！」
・「せーの，ハイ！」
・「パスしたら，ゴー！！」

　子どもたちへの言葉掛けも大切ですが，特に，運動できない子どもへは，言葉の押しつけにならないように気を付けます。なので，運動できない子どもに対しては，「何に困っているの」「どんな動きができるようになりたいの」と聞くようにしています。「聞く」「見る」は，アドバイスするために大切にしたい大事なキーワードです。

スキル31 マネジメント
追発問で課題意識を高める

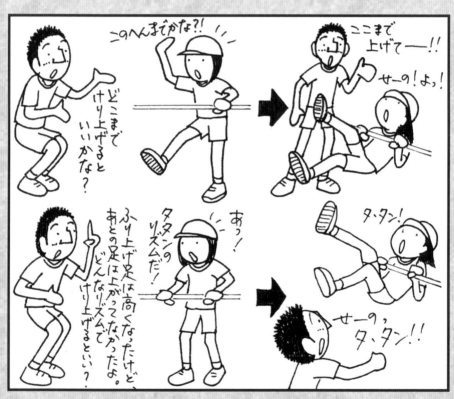

　授業のはじめに，前の時間の困り感をもとに，本時の学習課題を設定します。ただ，この学習課題は，全体の学習課題で大枠なものです。この学習課題をもとに学習を進めていく中で，学習課題が具体化していき，個人の課題となります。ここでは，学習課題を個人の課題へと意識化させる言葉掛けについて述べます。

❶**全体の学習課題から個人の学習課題を意識させるまで**
　全体の学習課題は，「身に付ける動き」に関わることが多いです。追発問は，「その動きをできるようにするにはどうすればよいか」という方法について考えさせることができるようにするとよいです。そうすると，子どもは自分の動きに応じた課題意識（個人の学習課題）をもつようになります。
❷**個人の学習課題をもたせるまでの具体的な流れの例**
○鉄棒運動
（1）全体の学習課題
　「足を強く蹴り上げるにはどうすればよいか」
（2）追発問
　ア「どこまで蹴り上げるといいかな（目標をもたせる）」
　イ「どんなふうに蹴り上げるといいかな（方法を考えさせる）」
　※追発問は1つだけとは限りません。リズムや蹴り上げの動きはできているのに，ただ運動するだけになっている子どもには，アの追発問を行います。蹴り上げる動きがぎこちない子どもには，イの追発問を行います。また，追発問ア，イの両方を行う場合もあります。
（3）個人の学習課題への意識
　ア「鉄棒の上に膝が出るくらいのところまで蹴り上げる」
　イ「タ・タンのリズムで蹴り上げる。タンを特に強く蹴り上げる」

　追発問と書くと難しい印象をもつと思いますが，簡単に言えば，学習課題を意識させるための子どもたちへの言葉掛けです。学習課題を授業の中心に置くことを教師自身が意識することが大切です。
　追発問をすることは，学習課題を意識した授業，つまり，学習課題を中心に据えた授業を展開するためには，絶対に必要であると言えます。

スキル 32 **マネジメント**
意欲面のよさを具体的に伝えて学びの姿勢を定着させる

　体育授業を充実させるには、子どもたちの学ぶ意欲がとても大切です。意欲を高めるためには、「ほめる」ことが有効だと思います。しかし、ただほめればよいのではなく、「具体的によいところを伝える」という意識をもってほしいです。そして、「こうすることはいいことなんだ。これからも続けていこう」という気持ちをもたせたいものです。

ここでは，授業の場面ごとに私がしている「意欲面における具体的によさを伝える言葉掛け」を紹介していきます。

❶授業準備・片付け
・進んで運んでくれてありがとう。
・重たいのに○人で協力して運んでいるね。すばらしいね。
・忘れていたよ。本当に助かったよ。ありがとう！

❷集合・挨拶
・走って集合。すばらしいね。運動がたくさんできるね！
・返事が大きいと，わかったかわからなかったかがすぐに伝わっていいね。

❸話の聞き方・質問
・わかろうとしながらよく聞いていていいですね。
・できるようになろうと自分から友達に聞いていてすばらしいね！

❹運動中
・友達の動きをよく見ているね。動きのこつはつかめたかな。
・何度も動きを試していていいね。そういうのって大事だよ。
・○○の動きができるようになったね。すごい！！

❺友達へのサポート（お手伝い）
・友達にタイミングをうまく言葉で伝えているね！
・友達ができるように安全に支えてくれているね。

❻まとめ
・できたことやわかったことを体育ノートにわかりやすくまとめているね。
・今日の学びをみんなの前でわかりやすく発表できてすばらしいね。

　1時間の授業で，20人以上にはよさを伝えたいものです。年度初めや単元初めは，すばらしい動きを全体に紹介しますが，ほとんどは個別によいところを伝えます。それは，より多くの子どもたちのよさを伝えたいからです。
　何でもよいからほめるというのではなく，根拠をもったほめは即時評価に値すると思います。

マネジメント

スキル33 思考面のよさを具体的に伝えてかかわりを活性化させる

　私は,「考える体育授業」を意識しています。ただ運動するのではなく,どうすればできるようになるのかを考えながら運動することで,できることを増やすことができるようになるからです。

　ここでは,授業中に私がしている「思考面における具体的によさを伝える言葉掛け」を紹介していきます。

❶学習課題設定
・前の時間にできなかったことをもとに，今日の学習課題を見付けていていいですね。

❷ルール設定
・ゲーム時間○分間というのを今までのゲームの経験から見付けましたね。
・「線から出たらやり直し」「同時だったらジャンケンで決める」など曖昧になりそうなところによく気付きましたね。

❸見通し（運動ポイント）
・自分がどうしたらできたのかを思い出しながら運動ポイントを考えることができていていいですね。

❹運動中
・友達の動きを見て，自分の動きに生かしていたね。すごくいいですね。
・動ける友達に自分から教えてもらいにいっていていいですね。
・自分から動きを友達に見てもらって，自分がどう動いているかを聞いていていいですね。
・友達のいい動きをたくさん見付けて伝えていていいですね。
・友達の動きを見て，どうすればもっとよくなるかをアドバイスできていていいですね。
・「右！左！」と友達にすぐ指示を出すことができていていいですね。

❺まとめ
・このグループは，運動できる人が，できない人にたくさん声を掛け，動きのこつを伝えていました。みんなでできるようになろうとしていてとてもいいですね。

　このように思考面を活性化させることで，友達同士のかかわりが多くなります。特に，運動しているときの声掛けとまとめの場面での声掛けがとても大切です。グループやチームでなくても，友達と見合ったり，教え合ったりすることのよさを伝え続けることで，かかわりが活性化していきます。

スキル34 マネジメント
動き（技能面）のよさを具体的に伝えて動きのこつを意識させる

「先生，できたー！」
　できなかった動きができるようになると，子どもたちはうれしそうな顔で私に伝えに来ます。みなさんは，どのような言葉を返していますか。もし，「そうかぁ。よかったねぇ！」という結果に対する賞賛だけで終わらせているとしたら，とてももったいないと思います。

スキル33でも述べましたが，私は「考える体育授業」を大切にしています。

　動きのよさを伝えるときに，動きについて思考させるような言葉を掛けます。ここでは，授業中に私がしている「動き（技能面）のよさを具体的に伝える言葉掛け」を紹介していきます。

❶動きがよくなってきた子どもへの言葉掛け
（１）「前より○○（体の部位）が△△（動きの状態）になったね。どんなことを意識して運動したのかな」
　※前との動きの違いを知らせて，どのように体を動かしていたのかを思い出させます。
（２）「前より○○（体の部位）が△△（動きの状態）になっていて，□□（目指す動きの程度）までできていたよ。」
　※前とは変わってきた動きの状態と，目指す動きがどこまでできるようになってきたのかを伝えます。

❷できた子どもへの言葉掛け
（１）「できるようになってよかったねぇ。どんなふうにしたらその動きができたのかな」
　※できたことを賞賛し，どうしてできたのかを尋ね，動きのこつを考えさせます。
（２）「どんなことを意識して運動したのかな」
　※体の部位や体の動かし方など，意識していたことについて尋ねます。
（３）「前と比べて，どんな動きがよくなったと思うかな」
　※前との違いを思い出させて，どうしてできたのかを考えさせます。

　子どもは，動きができたことは理解できますが，動きができそうになっていることやどのくらいできるようになっているのかについては，なかなか理解することができません。ですから，このような言葉を掛けることで，自分が運動したことから運動のポイント（動きのこつ）を考え，そして見付けることができるようになるのです。

> マネジメント

スキル35 動きを強調した示範で動きのよさをつかませる

　体育授業で，子どもたちに動きを示すために，動きをモデリングさせます。運動できる教師であれば，教師が示範することが多いと思います。運動できない教師であれば，運動できる子どもに示範させたり，動画を見せたりすることと思います。
　ここでは，どのように見せるかのポイントについて述べたいと思います。

❶教師が見せる

　ゆっくり動いたり，大きく動いたりするなど，子どもたちに特に意識させたい動きを強調しながら見せることができます。また，よい動きを見せるだけでなく，子どもがよい動きを紹介する際は，よくない動きを教師が見せます。

　留意点としては，教師自身が苦手な運動であったり，強調したい動きが大きく見せづらかったりするときは，この方法を選ばない方がいいということです。

❷動くことができる子どもが見せる

　この方法の一番のよさは，教師が，示範している子どもの動きのよさを解説することができることです。そして，友達が動くことによって運動への抵抗感をなくしたり，「○○さんができるのであれば私も！」と運動意欲を高めたりすることができます。

　留意点としては，指名した子どもが，教師が意図している動きができるかどうかを事前に確認しておく必要があることが挙げられます。

❸タブレットや大型テレビを使って見せる

　動きのよさを解説しながら見せたり，動きを遅くしたり，止めたりすることができます。また，何度も繰り返して見せたりすることもできます。映像を編集して，一番大切なポイントに印を付けるなど強調することもできます。そして，臨場感がない分，子どもたちの課題に合った見せ方を考えて見せることができるとよいです。

　「どの運動のときにどの見せ方がよいのか」について考える先生も多いと思います。一番意識してほしいのは，「どんな動きを見せるのか」です。そこがはっきりすれば，「横から見せるのか縦から見せるのか」「どのような方法で示範を見せるのか」も明確になると思います。この示範は，授業で見せるのかも併せて意識してほしいと思います。

スキル36 マネジメント
どこからどう見るのかを伝えて動きをつかませる

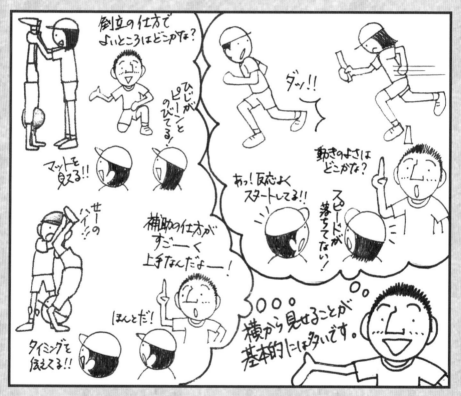

　スキル35では，子どもたちに動きのイメージをもたせるための見せ方について述べました。実際の体育授業においては，動きができる子どもの示範をみんなで見て，教師から動きのよさの説明を聞きながら学ぶことが多いです。
　ここでは，どこから動きを見せることで動きのよさをつかむことができるかについて述べたいと思います。

❶見せる向き
（1）横
　一連の動きの様子や動きの大きさ，手や足など体の部位の動きの順序や位置（距離・高さ），歩幅や歩数，動きのタイミングなどを理解させることに適しています。
（2）縦
　身体の傾きや手や足などを着く位置（左右対称・非対称），目線などを理解させることに適しています。

❷運動ごとの見せる位置と見せる内容
（1）リレーのバトンパス（横）
横：「受け手は反応よくスタートしているか」「スムーズにバトンパスしているか」「バトンパス時にスピードが落ちていないか」
（2）走り幅跳びの踏み切り（横）
横：「スピードを落とさずに助走しているか」「強く踏み切れているか」「タ・タンのリズムで踏み切れているか」
（3）マット運動・跳び箱運動の技（横・縦）
横：「体の傾きはどうなっているか」「目線はどこを見ているか」「着手位置はどこか」「踏み切りと着手のタイミングはどうなっているか」
縦：「真っ直ぐ動けているか」
（4）鉄棒運動の技
横：「回転と腕の引きつけのタイミングはどうなっているか」

　このように，子どもに動きのどこ（流れ・姿勢・位置など）を見せたいのかによって，見せる向きを変えるとよいです。集めて，そのまま見せがちになるので，「こっちから見てください」など，子どもへの指示を行うことで，意識できるようになります。自分でよい場所を見付けられた子どもがいたら全体に紹介すると見る位置を意識させるきっかけになります。

スキル37 マネジメント
アドバイスと支援でわかるとできるをつなぐ

　教　師：「ちょっとタイミングが遅いかも。せーの。ハイ！」
　子ども：「やった！できた！」「そっか。こうすればいいのかぁ！」
　教師のアドバイスや支援は，子どものわかるとできるをつなぎます。
　ここでは，どうすればアドバイスや支援ができるようになるかについて授業前と授業中に分けて書きます。

❶授業前
（１）運動のポイント（どうすればその動きができるのか）を知る

　　運動には，できるようになるためのポイントがあります。自分の運動経験を重ね合わせながら，いくつもあるできるようになるためのポイントの中から，これは外せないと思うポイントを３つくらいに絞ります。

（２）子どもがどんなところでつまずくかを予想する

　　できるようになるためのポイントと照らし合わせながら，子どもたちが運動していてどこでつまずくのかを予想します。

（３）つまずきをクリアできそうな支援の仕方を考える

　　つまずきに対するアドバイスや支援を考えます。アドバイスは主に言葉，支援は主に補助です。前年度の評価や事前のアンケートがあるとどんなことにつまずくのかを予想しやすくなります。

❷授業中
（１）運動できない子どもを見取る

　　グループやチームの中で動きがスムーズでなかったり，進んで運動していない子どもを見取ります。その際，動きのどの部分がスムーズでないのかや，何に困っているのかについて見たり聞いたりして把握します。

（２）困りに対応したアドバイス・支援を行う

　　子どもが困っているところを中心にアドバイスを行います。そこに，支えたり，体を引き上げたり，回転させたりするなどの支援を加えます。

　○脇をギュッと締めて，お腹と背中に力を入れてみて（ダンゴムシ）

　○縄を追いかけて行ってみてよ（長縄跳び）

　○足を上げるリズムは「タ・タン」で，その後「ギュッ」と腕を鉄棒に
　　引き付けてみて（逆上がり）

　授業中，即時評価を行いながら，アドバイスと支援を行います。このようにアドバイスや支援をしながら授業を進めることで，子どもたちのわかるとできるを確実に増やすことができます。

> スキル 38

マネジメント

声のお手伝いで動きのタイミングをつかませる

　動きの補助を私は「お手伝い」と言っています。お手伝いには，声と手の2つがあります。お手伝いを成立させるには，まずは，「みんなでできるようになろう」という雰囲気をつくることが必要です。なので，「声のお手伝い」から始めるとよいと思います。ここでは，声のお手伝いをどのように定着させるかや声のお手伝いをどのように活用するのかについて述べます。

❶定着させるための手立て

　声のお手伝いを定着させるには，「応援」から始めることが有効です。私は，年度初めに行う体つくり運動で定着させています。
○動物走りリレー：「がんばれ」と応援する→応援している子どもを賞賛する
○よじのぼり倒立：秒数を数える→数えている子どもを賞賛する

　このようにして，声で友達をサポートすることはよいことであると伝えていきます。

❷声のお手伝いの例

（１）動きのきっかけ

　「せーの，はい！」「今！」「入る！」「右！左！」など，動き始めのタイミングを伝えます。
○長なわとびで縄に入るとき　○リレーで受け手がスタートするとき
○ボール運動で敵と重ならない場所に動き始めるとき　　など

（２）動きのリズム

　「タン・タン・タン・タ・ターン」「いーち，にーの，さん！」など，予備動作から動き始めるときのタイミングを伝えます。
○走り幅跳びや走り高跳び，跳び箱運動等での助走からの踏み切り
○後方支持回転での勢いをつけてからの回転　　など

（３）動きのつなぎ

　「タ・ターン，ギュッ！」「いーち，にーの，さん，ハイ！」など，2つの体の部位を動かすときの動きをつなぐタイミングを伝えます。
○逆上がりでの足の蹴り上げから腕の引き付け
○後転での後ろに倒れて回転してから手での床押し

　声のお手伝いは，前述の通りお手伝いの第一歩です。動きのタイミングという「動きのこつ」を言葉にして友達に伝えるので難しいです。ですが，このように動きと動きの間にある見えない部分を言葉にすることによって，子どもたちの「できる」は確実に増えます。そして，動きのオノマトペとして，子どもたちの中で共有されます。

スキル39 マネジメント
手のお手伝いで動きや姿勢の感覚をつかませる

「技能を高める」ことは大切です。しかし，運動のポイントをもとに何度も運動させるだけでは十分とは言えません。

目指す動きの感覚を十分に味わわせながら，そのために必要な技能は何かを考えさせるというアプローチの仕方も大切にしてほしいものです。ここでは，運動ごとの手のお手伝いのやり方について述べたいと思います。

❶倒立

　倒立の際の「足の蹴り上げ→倒立」の動きを身に付けさせます。
○足の蹴り上げから補助倒立
　床に手を着いて足を前後にしてしゃがんでいる状態から，後ろに引いている足を持って倒立姿勢をとらせます。
○補助倒立
　自分で足を蹴り上げて倒立したときの倒立姿勢の部分を補助します。後ろに引いている足がはじめに上がってくるので，補助の際は，それを確認して，足を持ちます。

❷後転

　「後方に倒れる」「背中を丸めて，お尻・腰・背中・首の順で床につけながら転がる」という動きを身に付けさせます。
○ゆりかごから腰を上げる
　ゆりかごをしている人の横にしゃがみ，腰を上げるときに，腰に手を当てて，腰が上がるように持ち上げます。

❸逆上がり

　「足を高く蹴り上げる」という動きを身に付けさせ，「どこまで足が上がるとよいか」を理解させます。
○足を蹴り上げ，回転する
　運動する人の横に立ちます。後ろに引いている足が蹴り上げ足なので，蹴り上げ足の側に立ちます。足を持って引き上げて，回転できる状態にします。

　手のお手伝いは難しいです。ふざけて行ったり，手伝いの際の立ち位置を間違えば，運動している人も，お手伝いしている人もけがをすることがあります。ですから，教師は，「みんなでできるようになろう」という意識付けを行うと共に，どのように手伝うのかについても詳しくていねいに伝えてほしいと思います。

スキル40 マネジメント
声と手のお手伝いで一連の動きをつかませる

　声のお手伝い，手のお手伝いのよさについて述べてきましたが，一番技能を高めることができるのは，「声と手のお手伝い」両方あるときだと思います。1人で声でも手でもお手伝いをすることは大変ですが，1人が声で，もう1人が手でお手伝いすることはできます。ここでは，運動ごとの声と手のお手伝いのやり方について述べたいと思います。

「声と手のお手伝い」と言うと，声だけ，手だけより難しいと思う方もいることでしょう。そんなことはありません。手のお手伝いのときに，無意識に声を掛けることがありますが，それが，声と手のお手伝いです。

❶補助倒立
　自分で足を蹴り上げて倒立したときの倒立姿勢の部分のお手伝いをします。その際に，「せーの，はい！」と声を掛け，運動する人の足の蹴り上げとお手伝いをする人が足をつかむタイミングを合わせます。

❷逆上がり
　リズミカルに足を蹴り上げて，鉄棒に体を引き付ける動きのお手伝いをします。運動する人の横に立ち（後ろに引いている足の側），足を蹴り上げたときに，「タタン」と声を掛け，引き付けるタイミングで「ギュッ！」と声を掛けます。
　ただ，このお手伝いは，子ども1人で行うのは難しいです。教師が行うか，子ども2人で行うとよいと思います。

❸だるま回り
　だるま回りの姿勢から，足を曲げ伸ばして勢いをつけて回転する動きのお手伝いをします。運動する人の横に立ち，「曲げー」と言いながら，片手ですねの辺りに手を当てて，もう片手で背中に手を当てます。次に，「伸ばしー」と言いながら，片手で足首の辺りに手を当てて膝を伸ばさせます。事前に3回目の「曲げ！」で回転させることを伝え，「曲げー，伸ばしー（1回)，曲げー，伸ばしー（2回），曲げ！（3回）」の声を掛けながら回転させます。

　声を掛けながら，動かすことは，「動きのどのタイミングでどんなことをするのか」や「どのくらいの力を入れるのか」などを覚えることにとても有効です。また，声掛けによって自分で動きのタイミングなどがとれるようになります。このようなお手伝いは，動きのこつを共有することにも有効に働くと考えます。

スキル41 マネジメント
別のところを意識させてねらった動きを定着させる

跳び箱運動の運動ポイントで，子どもたちから「腰を高く上げる」という考えが出されました。教師も，子どもたちも，できない子どもに「ほらもっと腰を高く！」と声を掛けます。子どもは，そのポイントを意識して運動しますが，なかなかできるようにはなりません。さて，みなさんは，どのように指導しますか。

私はAを意識させてもできないときは，Bを探すようにしています。それは，Bの動きが変わるとAの動きも変わるからです。ここでは，いくつかの例を挙げます。

❶跳び箱運動「腰を高く上げる」

　「腰を高く上げる」動きをさせたいときに，「強く踏み切る」と伝える人は多いと思います。それを言ってもできなかったら，「目線を下げる」ことを意識させるとよいと思います。

　具体的には，跳び箱の向こうに敷いてあるマットの跳び箱近くを見ることを意識させます。すると，頭が下がる分，腰が上がった状態になります。

❷鉄棒運動「小さく回る」

　「鉄棒に体を引きつける」動きをさせたいときに，スキル40でも述べましたが「ギュッ！」という声を掛けます。でも，なかなか引きつけられない子どももいます。そこで，「体を縮めて小さく回る」ことを意識させます。すると，大きく振って勢いをつけた後，体を縮めて小さく回ろうと意識し，結果，鉄棒に体を引きつける動きをすることにつながります。

❸長なわ跳びダブルダッチ「縄に入る」

　ダブルダッチで縄に入るとき，2つの縄を見てしまうと，なかなか縄に入ることができません。そこで，教師は，「かぶり縄を追って入る」「向かい縄を跳んで入る」の2つの入り方をよく伝えます。どちらか1つの入り方でできない子どもは，もう1つの入り方を意識させるとだいたいできるようになります。

　動きは，1つの体の部位だけを動かして成立するものではありません。いくつかの体の部位をタイミングよく動かして成立します。Aがポイントだからといって，Aだけを意識させるのではなく，Aと連動しているBを意識させることで，Aが目指す動きとなることを教師は意識して運動させるとよいと思います。

スキル42 マネジメント
時間をおまけして運動意欲を高める

　ボール運動では勝敗が，器械運動では技の習得が，運動意欲を高める要素になることが多くあります。でも，ゲームや技の練習の前に行う「時間内でどれくらいできる？」という運動で，運動意欲を高めることが重要です。みなさんは，どのように行っていますか。時間をきっちり計って，正確に記録を測るだけで終わっていませんか。

❶時間を計る主な目的
(1) 単元（授業）を通して回数の伸びを実感させたい
(2) 回数を多く行うことを意識させたい
(3) 決まった時間を全力で運動させたい
→そして，やり切れた・回数が伸びたなどを実感した子どもたちは，「もっと運動したい」「もっと回数を伸ばしたい」という思いをもつようになります（運動意欲の向上）。

❷時間を計る運動例
(1)「○秒間に□□をどれくらいできるかな」
　時間の例を示しますが，実際に運動させるときは，子どもたちの実態をもとに設定します。

①長なわとび　　：1分間に8の字跳びを何回できるか。
②パスゲーム　　：30秒間にパスを何回できるか。
　　　　　　　　※サッカー，バスケットボール，ハンドボール，フライングディスクなど，いろいろなボール運動で行うことができる。
③馬跳び　　　　：30秒間に馬跳びを連続で何回できるか。
④前回り下り　　：30秒間に連続で前回り下りを何回できるか。
⑤短距離走　　　：8秒間に40mを走りきることができるか。

(2)「□□を○秒間できるかな」
①だんごむし　　：だんごむしを30秒間できるか。
②よじのぼり倒立：よじのぼり倒立を10秒間できるか。

　「一定時間に何回できるか」という運動を行う際は，2回目のときに数秒上乗せします（もちろん，子どもたちに「長い…？」と思われない程度に）。また，鉄棒運動のだんごむしなど，「一定時間続けられるか」という運動では，2回目を短い時間にします。このようにして「もっとしたい！」「もっとできるかも」という思いをもたせます。

スキル43 マネジメント
ゲームのルールは子どもたちと話し合って決める

　みなさんは，ゲームのルールをどのように設定していますか。
　ほとんど全てのルールを教師が決めていますか。それとも，子どもが決めていますか。私は，教師が決めてしまうことには反対です。それは子どもの実態や学びに合わないことがあるからです。私は，子どもと話し合いながらルールを設定しています。

ルールの設定でゲームの様相や学ぶことができる内容は大きく違います。子どもたちと話し合いながらルールを設定するポイントについて述べます。
◆ルール設定の流れ
❶教師が基本的なルールを設定する
　ゲームを行うにあたり，困らない程度の最低限のルールを提示します。
❷ルールを提示した後，追加ルールが必要かどうかを子どもに聞く
　ゲームのルールと流れを説明した後，ゲームをするのに困りそうなことはないかを聞きます。もしあれば，追加した方がよいルールを設定します。ここで話すのは，今回行うゲームを経験した子どもが多いです。
❸試しのゲームをしながらルールの追加，修正を行う
　ゲームをしているとき，困ったりもめたりしたら，その理由を聞きます。そのときは，ゲームを中断して，全体に状況を説明します。その後，ルールの追加や修正をしてゲームを続けます。
　ここで追加や修正するルールとしては，「①アウトやセーフの判定」「②得点したかしないか」「③ラインを出たか出なかったか」が挙げられます。
　①や②については，ジャンケンで決めることが多いです。③については，ラインをまたいで投げるというルールを設定し，なるべくゲームが止まらないようにします。
❹授業のまとめでもルールの追加，修正，確認を行う
　授業のまとめの場面でも，子どもたちとルールの追加や修正をします。ゲームの時間やコートの広さなど，ゲームを経験してみて感じたことをもとに修正します。最後に全体に確認し，ルールを確定させます。

　ルールの設定は，子どもたちと話し合いながら決めていくと，考えてゲームに取り組むようになります。曖昧なルールのままゲームの授業を進めると，自分にとって有利になるように解釈する子どもが出ますが，みんなでルールを設定することで，「気持ちよくゲームをすることを大切にしよう」という気持ちも育ちます。

スキル44 マネジメント
用具にたくさん触れさせて運動への抵抗感をなくす

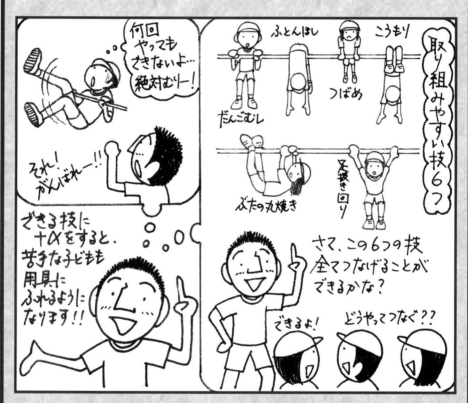

　鉄棒運動やマット運動，跳び箱運動，ボール運動などの技能を身に付けさせるためのハードルになるものは，「怖がる気持ち」と「基礎感覚が身に付いていない状態」です。
　基礎感覚が身に付いていないから怖いと感じる……ので，まずは，怖さをなくすことを大切にしてほしいと思います。

私は，子どもたちに，「○○（運動用具や運動教材）と友達になろう！」「運動できるようになるためには，運動に使う用具や運動と友達になることが大切なんだよ」とよく話します。
　ここでは，用具にたくさん触れてほしい運動とその働き掛けを紹介します。

◆用具に触れてほしい運動とその働き掛けの例
❶鉄棒運動
　子どもの好き嫌いが大きく分かれる代表的な運動といってもよいと思います。怖いより，痛いの方が運動への抵抗感をもたせているかもしれません。楽しく鉄棒に触れることができるように工夫してほしいと思います。
　運動させるために，「だんごむし・ふとんほし・つばめ・こうもり・ぶたの丸焼き・足抜き回りをいくつつなぐことができるかな」と働き掛けます。ほとんどができる技なので，授業だけでなく，休み時間にも鉄棒に触れる子どもが増えます。

❷跳び箱運動
　踏み切り板を両足で踏み切った後に手を着いて跳び箱に乗る・跳び越す運動です。とにかくたくさん強く踏み切って跳び箱に乗るという動きを経験させたいところです。
　運動させるために，走りながら跳び箱を連続して跳び越える運動をします。その際は教師がリーダーとなり，先生の真似をして跳び越すことを子どもたちに伝えます。すると，緊張感の中で技の練習をするよりもリラックスして運動に取り組むことができます。

　用具に慣れさせることと共に大切にしてほしいのは，子どものできるを増やすことです。具体的には，身に付けさせたい技能につながる基礎的な運動感覚を十分に味わわせます。そして，「できた！」という自信や「できるかも」という期待感をもたせます。まず，運動の機会を保障することを意識してほしいと思います。

スキル45 マネジメント
目印を付けて運動しやすくする

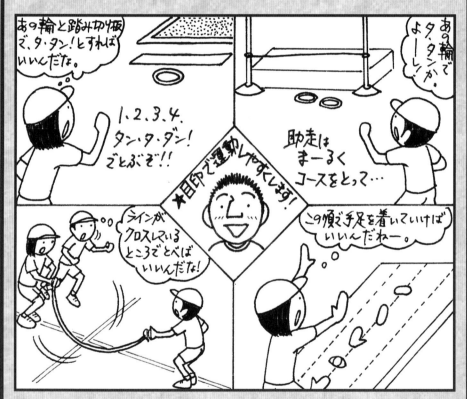

「ここで踏み切らないと高く跳べない」とか「ここに着足しないと3歩でいくのは難しい」など,「ここ」という場所があります。「ここ」を意識しながら運動することができる子どももいますが,「ここ」がバラバラになってしまって,できたりできなかったりする子どもも見られます。そこで,目印を付けて意識化を図ります。

❶走り幅跳び

「タ・タン」のリズムを身に付けさせるために，踏み切る場所とその1歩前のところにケンステップやテープ，足型などの目印を置きます。最後の2歩を「タ・タン」のリズムで跳ぶ（最後の3歩を「タン・タ・タン」のリズムで跳ぶでもよい）ことを伝えます。

❷走り高跳び

走り幅跳びと同じで，「タ・タン」のリズムを身に付けさせるために，ケンステップや足型を置きます。そして，助走ラインを，体育館の場合はラインテープで，グラウンドの場合は石灰でラインを引きます。そして，最後の2歩を「タ・タン」のリズムで跳ぶことを伝えます。

❸長なわとび

跳ぶ位置が，縄の真ん中になるように，体育館ではラインが交差しているところで長なわとびを行います。そして，グラウンドでは，縄のラインを1本引き，跳ぶ位置に短くクロスするようにラインをもう1本引きます。そして，クロスしたところで跳ぶように伝えます。

❹側方倒立回転

「手ー手ー足ー足」の順番を理解させるために，ケンステップや手型・足型を置いて，そこに手や足を着くようにさせます。さらに，手型と手型の間に目の印を置き，マットを見るようにさせます。

❺壁倒立

手を着く位置に手型を置くと共に，手型の間に目の印も置き，そこを見てマットを見るようにさせます。

　動きのポイントを意識させることも大切ですが，位置がずれているためにできないことも多くあります。動きのポイントと同時に子どもに伝えても，2つのことを同時に意識することが難しい場合もあるので，先にどちらかを伝えるようにするとよいと思います。あと，あまりに目立ちすぎる印は，逆に動きを小さくしてしまうことがあるので気を付けてほしいと思います。

スキル 46　**マネジメント**
図を提示して早く場をつくる

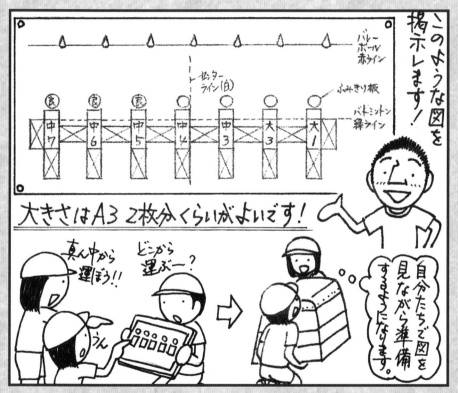

　跳び箱やマットの授業では，たくさんの用具を準備しなくてはなりません。準備中に，「この跳び箱は，ここに置いてください」「えっとね。赤いラインのところです」「緑のラインと重なっているところに角を合わせてください」など，たくさんの指示を子どもたちに出している先生はいませんか。
　ここでは，準備の時間短縮の仕方について述べたいと思います。

言葉で指示をすると，指示が多くなるだけでなく，子どもたちからの質問がたくさん出ます。そこで，私は跳び箱やマットの配置図を示して子どもたち自身である程度準備できるようにしています。

❶配置図の内容・図の大きさ

（1）内容

　配置図は，体育館やグラウンドの全体を描きます。そして，用具を置く目印になるラインの大体を描きます。

　跳び箱の場合は，どこに置くのかだけでなく，どの跳び箱を置くのかや何段にするのか。そして，どの踏み切り板を置くのかまで書いておくとよいです。

（2）大きさ

　図の大きさは，Ａ３の２枚分程の大きさがよいと思います。提示するので，小さいよりは大きい方が見やすくてよいと思います。もし，小さい紙で提示する場合は，図を２，３枚用意しておくなど，小さい紙にたくさんの子どもが集まる状況にならないようにします。

❷配置図の見せ方

　配置図は，授業で使うホワイトボードに掲示しますが，ホワイトボード越しに場を見ることができる状態にした方がよいと思います。そうしないと，その都度振り返りながら確認したり，指示を出し合ったりしなくてはならなくなります。

　ホワイトボードに掲示しなくても，画板に貼って床に置いたり，小さいホワイトボードに描いたりして確認してもよいと思います。

　こうすることで，子どもたち同士で用具を置く位置を話し合いながら準備するようになります。また，用具を友達と一緒に運ぶため，協力する姿勢も見られるようになります。

　また，教師は全体を見ることができるので，安全を確認しながら用具の準備をすることができます。

スキル 47 **マネジメント**

必要な数に分けて スムーズに授業を進める

　授業が始まると，先生が，「グループの代表1人は，先生のところに○○を取りに来てください」と言います。続々と取りに来る子どもたち。話を聞いていなくて，同じグループから2人が取りに来て用具が足りなくなる……なんてことはありませんか。そこで，そのようなことのないよう事前に分けておくことをお勧めします。

私は，運動ごとに必要な用具を次のように分けています。用具が少ないときは，授業直前の休み時間に，多いときは，朝のうちに準備するようにします。

❶分けておくのに便利な道具
　便利な道具は，持ち手が付いているランドリーバスケットと大きくて口が広い脱衣かごです。ランドリーバスケットは，持ち運びが楽で，脱衣かごは，大きめの用具を入れるのに適しています。

❷置いておく場所
　置いておくところは，集合場所（黒板やホワイトボード前）がよいと思います。ただ，かごを集合場所に置く場合は，運動する場所に置くようにします。

❸運動ごとに必要な用具と置き方
（１）長なわとび
　長なわは，結んで置いておきます。ストップウォッチやカウンターを使う場合は，長なわと一緒に置いておきます。
（２）ボール運動
　かごに必要な個数のボールを入れておきます。その他，小型得点板（カウンター）を使う場合は入れておきます。
（３）体つくり運動
　ケンステップや赤白玉，新聞紙スティックなど，この時間に使う用具をかごに入れます。
（４）マット運動（側方倒立回転の授業）
　ケンステップや手型・足型，ゴム，ミニハードルなど，練習で使う用具をかごに入れます。

　さらに，用具を入れるかごに，グループの番号などを付けておくと多く取ったり，取り忘れたりすることがなくてよいと思います。タイムロスを少しではありますがなくすことができます。
　少しでも運動時間を確保することができるように，準備や片付けにかかる時間を少しでも短くしていきたいものです。

スキル 48

マネジメント

指示や台車の使い方を工夫して短時間で準備・片付けをする

　授業で使う教具を一人一人がばらばらに準備したり，片付けたりすると，体育用具室にたくさんの人が入ってしまって，出したり戻したりしづらくなり時間がかかってしまうことがあります。

　ここで紹介するのは，短時間で準備・片付けをするために子どもへの指示や台車を有効に活用する方法についてです。

ここでは，私が準備や片付けをするのに大変さを感じることが多い跳び箱，踏み切り板，マットを例に取り上げます。

❶子どもへの指示
　子どもたちは，準備をするときに用具室の中に入ることが多いです。用具が複数あるときは，子どもが用具室の中に何人も入ると，身動きが取りにくくなってしまいます。そこで，用具室の前で待つよう指示します。また，片付けの際は，用具室の中の所定の場所に置くように指示します。

❷用具の準備と片付け
（1）跳び箱
準備　：用具室前に出された台車で運び，配置図をもとに置きます。台車は使わない跳び箱の段を乗せて体育館の壁沿いに置きます。
片付け：台車に跳び箱を乗せ，体育用具室に入れる順番に並びます。
（2）踏み切り板
準備　：用具室前に出された台車で運び，配置図をもとに大体のところに置きます。他の子どもが，置き場所を調整します。
片付け：台車で踏み切り板が置かれているところを回って乗せていきます。
（3）マット
準備　：用具室前に出された台車で運び，配置図をもとに大体のところに置きます。他の子どもが置き場所やマットの間隔を調整します。
片付け：台車を体育館の壁沿いに置きます。3，4人で1枚のマットを持って，台車まで運び，ていねいに重ねていきます。ただし，ロングマットなど重いものについては，台車で回って乗せていきます。

　時間短縮のポイントは，準備や片付けの動線を考えることと，重いものなど運びにくいものは，台車のところに持っていくのではなく，台車を使って取りに行くことです。
　準備・片付けの仕方が決まっているので，授業が進むにつれて友達との協力性も高まりますし，安全にできるようにもなります。

スキル49 マネジメント

仲間づくりゲームで「かかわり」の実態をつかむ

　年度初めに，仲間づくりゲームを行う先生は多いことと思います。その際，どんなことを見取りますか。私は，子どもたちの「人とかかわる力」を見取ります。

　ここでは，仲間づくりゲームの進め方と，よく見られるかかわりの実態と仲間づくりゲームでどのように変えていくかについて述べたいと思います。

❶仲間づくりゲームの進め方
（1）教師が，「タタン・タタン・タタン・タタン」と太鼓を叩きます。子どもたちは，そのリズムに合わせてスキップをさせて自由に動きます。
（2）教師が，「タタタタン」と太鼓を叩きます。子どもたちは，動きを止めます。
（3）教師が「タン・タン・タン」と太鼓を叩きます。その数で組をつくります。
（4）教師が太鼓を10回叩くうちに組をつくります。
（5）結果を確認し，賞賛します。
❷よく見られるかかわりの様子
（1）誰とでもすぐに組むことができている
　毎回組む人は固定化されていなくて，同性とも異性とも組むことができている状態です。
（2）同性同士としか組むことができない
　異性とかかわることに抵抗感を示し，同性としか組もうとしない状態です。
（3）毎回決まったメンバーとしか組むことができない
　いつも同じで固定化されたメンバーとしか組もうとしない状態です。
❸評価の仕方
　まずは，指定された人数で組めなかった子どもを真ん中に集めて，座らせます。「どうすれば組むことができるかな」と声を掛け，方法を考えさせます。
　次に，組むことができた子どもを評価していきます。同性同士で組んでいるグループには「△」，異性で組むことができているグループには「○」と声を掛けます。評価後はすぐ次の仲間づくりゲームを行い，教師の評価基準を意識させます。

　仲間づくりゲームをすると，男子同士，女子同士で組んでいたり，毎回，決まったメンバーで組んでいたりすることがあります。その傾向が強い子どもは，自分が仲のよい友達と手をつなぎ，足りない人数を呼び込みます。仲間づくりゲームを何回かする間に，どうすれば「○」をもらえるかに気付き，組む人が変わっていきます。

スキル50 マネジメント
リレーで楽しく運動できるようにする

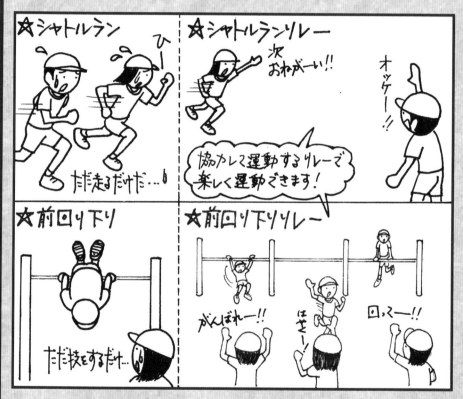

　ただひたすら運動することは，なかなか辛いものです。それが，きつい運動であればなおさらです。

　このような運動の楽しさをアップさせる方法は，得点化やゲーム化などが挙げられます。ここでは，ゲーム化の1つとして，運動にリレーを取り入れることを紹介していきます。

❶折り返し(動物走り)リレー
(1) 全員が同じ走り方で
　教師が走り方を指定して全員が同じ動物走りを行います。動物走りの例としては，クマ，(前・後)クモ，ウサギ，カエル，カンガルーなどが挙げられます。
(2) 全員が違う走り方で
　教師がグループの人数と同じ数の走り方を指定します。例えば，4人グループに対して，クマ，前クモ，ウサギ，カンガルーの4つを指定します。
　グループ内で，子ども同士で話し合って，誰がどの走り方を担当するかを決めます。

❷シャトルランリレー
・昨年度のシャトルランの記録をもとに2人組をつくります。全てのペアの記録の合計が同じになるようにします。
・一人ずつ走ります。走らない子どもは，スタート場所で回数をチェックしながら待機します。
　※「○周走ったら交代する」「手を挙げたら交代する」などの打合せは，事前にペアごとに行っておきます。
・シャトルランと同様に，2回連続で到達できなかったら終了です。

❸前回り下りリレー
　鉄棒の手前10mほどの距離を走り，前回り下りをして次の友達にリレーします。全員が終わったらゴールとなります。

　苦しい運動でも，リレー形式にすることによってゲーム性が高まるため，楽しく運動することができます。また，1人では出せない回数を出せることも魅力の1つです。リレー形式にすることで，運動が苦手な子どもは，その運動ができないとリレーを楽しめないため，進んで練習に取り組みます。このように，リレーは，楽しさやがんばりを生みます。

スキル51 マネジメント
リレーでかかわりを生む

　スキル50で，リレーはゲーム性を高め，楽しく運動することに有効であることについて述べました。ですが，リレーの効果は，これだけではありません。
　個人で行う運動も，リレー形式にすればチーム戦になります。チーム戦にすると，チーム内で「勝つためにどうすればよいか」という課題が意識されます。これが，リレーのもう一つの効果である「かかわり」のきっかけです。

個人で運動するだけでは，かかわる（教え合う・見合う）姿が見られないことがあります。それは，課題が意識されていないことが考えられます。運動をリレー化して，チームで運動させ，子ども同士をかかわらせましょう。

❶大きな声で応援する
（１）鉄棒運動「ぶたの丸焼きジャンケンリレー」
　鉄棒から10mほどのところをスタートとします。ぶたの丸焼きをして相手チームとジャンケンをします。勝ったら次の友達にバトンタッチします。先にゴールできなかったチームが全員終わるまで運動を続けます。
（２）体つくり運動「手押し車リレー」
　手押し車をして，折り返しのラインまで行ったら交代して戻ります。

❷動きのこつを共有する
（１）体つくり運動「折り返し（動物走り）リレー」
（２）鉄棒運動「前回り下りリレー」
　※運動のやり方についてはスキル50にあります。

❸むだのない動きを話し合う
（１）陸上運動「２×40mリレー」
　40mを２人でバトンをリレーします。マークの位置とスタート時の反応について話し合います。
（２）陸上運動「ハードルリレー」
　30m程度の距離に３つのハードルを設置します。どの高さ・距離のハードルの場を選ぶと速く走ることができるかや，ハードルのまたぎ越し方について話し合います。

　リレー形式にすると，チームで運動するようになります。何度も動きを試しながら，「こうするといいよ」「それいいね」など教え合ったり，認め合ったりします。「勝ちたい」という思いが，課題意識をもつことにつながります。ただ，チームによっては，運動できない子どもが落ち込む場面があります。教師はそこをよく見て支援することが大切です。

スキル52 マネジメント
ジャンケンで技能差があっても楽しく運動させる

　ゲーム化することで運動の楽しさを子どもたちに味わわせることができます。リレーは，楽しく運動できるだけでなく，友達とのかかわりを生みます。
　今回紹介するのは，リレー以外のもう１つのゲーム化のポイントである「ジャンケン」です。ジャンケンは，運動の技能差を小さくし，競うことの楽しさをアップさせます。

ジャンケンを取り入れた運動例は次の通りです。
❶折り返し（動物走り）ジャンケンリレー
　動物走りでスタートし折り返しラインのところにいる相手チームの子ども（ジャンケンマン）とジャンケンします。勝ったら，そのまま折り返してバトンタッチします。負けたら，かえるの足打ちを３回してから戻ります（負けたときに何をするかは教師が考えます）。２回目，３回目を行う場合は，ジャンケンマンを交代します。
❷２人ジャンケンおに
　２人でおに遊びをします。おにを決めたら，決められたエリアでおに遊びをします。走力が同じくらいの子どもで組んでいる場合は，タッチされたら交代でよいのですが，走力に差がある場合は，タッチされたらジャンケンをして，おにが勝ったらおに交代とし，おにが負けたら，再びおにになって，10秒数えた後，追いかけます。
❸ジャンケンボールキープゲーム
　２人組になり，１人がボールをキープして，もう１人がボールを奪います。ボールを奪ったときにジャンケンをして，奪った人が勝ったら奪った人のボールとなり，奪った人が負けたら，キープしている人が再びボールをキープします。２人組ではなく，クラスの１／３程がボールをキープして誰のボールを奪ってもよしとしてもよいです（割合は教師が決めます）。
❹よじのぼりジャンケン
　２人組になり，よじのぼり倒立をします。その状態でジャンケンをします。教師が指定した回数を勝ったら指定された場所に並びます。一定時間で終わりとして，並んだ人数が多かったチームが勝ちとなります。ジャンケンは手で行っても，口で行ってもよいです。

　このように，ジャンケンは技能差があっても楽しく運動できるようにします。ただ，❹のよじのぼりジャンケンは，急ぎすぎて不安定な倒立になることがありますので，様子をよく見てほしいと思います。

スキル53 マネジメント
必要感をもって運動させて思考と技能を高める

　みなさんはパスができるようにするために，どのように授業を進めますか。「ボール運動には，パスが必要だから練習します」と答える先生もいると思います。しかし，それは，ただ子どもに運動させているだけになってしまいます。
　ここでは，その動きがどうして必要なのかを感じさせながら運動させるやり方について述べたいと思います。

例として，サッカーのパスゲームについての運動のさせ方を取り上げます。
❶パスの必要性を理解させる
　「パスをするといいんですよ」というだけでは，子どもの理解に実感は伴いません。まずは，パスの必要性を感じさせます。
　はじめに，ゴールの20m先くらいからドリブルをしてシュートします。次に，20m先からパスを出してもらって，そのボールをシュートします（同時に行ってもいいです）。こうすることで，パスの方が速くボールを送ることができることがわかり，パスの必要性を理解させることができます。
❷ボールキープゲーム（個人）をする
　1分間ボールキープするゲームを行います。子どもは，自分のボールをとられないよう空いているスペースにドリブルをしながら走りこむことができるようになります。
❸ボールキープゲーム（赤白組に分かれる）
　赤白対抗で行います。赤白ともに同数のボールをキープするところからスタートします。ボールの数は，各組人数の1／3位がよいと思います。
　はじめ，ほとんどの子どもが，個人でボールをキープします。運動を続けているうちに，「先生，味方にパスをしてもよいですか？」という質問が出ます。もちろんOKします。
　すると，子どもたちは，空いているスペースにいる同じ組の友達にパスを送るようになります。無意識的に行っている子どももいるので，空いているところに行くとパスがもらえて，ボールもキープできることを伝えます。

　「○○しましょう」と伝えるのは簡単ですが，子どもたちに，必要感をもたせることは難しいです。
　「どうして必要なのか」「それをすることのよさは何か」を感じさせ，「どう動くとよいのか」を考えさせることで，パスの方向，蹴る強さ，空いているところへの移動などの動きが高まります。

スキル 54

マネジメント

「あおり」を使って挑戦しようとする気持ちを高める

　体育の授業中における教師の言葉掛けの種類には、「ほめる」「励ます」「助言する（動きの修正）」などがあります。この言葉掛けによって、子どもたちの運動意欲や運動技能を高めます。先生方も、普段からしていることと思います。
　あまり授業で使わないもう一つの言葉掛けである「あおる」を紹介します。

「あおる」という言葉掛けは，運動技能を高めるために使う言葉ではありません。どちらかというと運動意欲を高める言葉掛けです。ですが，「がんばれ」という言葉掛けとは少し違います。友達や教師など，他者の動きを見て，「自分もやってみたい！」という気持ちをもたせます。
❶折り返しの運動（体つくり運動）にて
　速くクマ走りをすることができる子どもの示範の後，動きのポイントをみんなで考えます。
　この後，「さて，今，クマ走りを見せてくれた○○さんより，もっと速く走ることができるぞという人はいるかな」と問い掛けます。そして，ここで，『**いやぁ，みなさんには無理かなぁ**』とあおる言葉掛けをします。
　すると，「いや！俺の方が速くできる！」「私だってできる！」という声が返ってきます。
❷台上前転（跳び箱運動）にて
　台上前転が，なかなかできるようにならない子どもたちに示範を見せたり，動きのポイントを伝えたりした後，再び運動に取り組ませます。
　すると，できなかった子どもたちの中で，前よりできるようになったり，動きができそうになったり，動きができたりする子どもが見られます。ここで，『○○さん！思い切って回ってみたんだね。**すごい！！他のみんなも負けてられないぞぉ**。ね，○○さん』とあおる言葉掛けをします。すると，動きが高まった○○さんも，笑顔で「うん！」とうれしそうな声で答えます。
　すると，なかなか勇気を出すことができなかった子どもたちの心に火が着いて，今まで以上に積極的に運動するようになります。

　「あおる」という言葉掛けは，運動が得意な子どもには，「もっとできるようになってやる！」，運動が苦手な子どもには，「私もやってみる！」という気持ちをもたせることができます。
　高学年の子どもには，イマイチなのではと思われるかもしれませんが，けっこう「やってやる！」という気持ちをかき立てられるようです。

スキル55 評価
ミニファイルを使って即時評価をする

　体育の授業で難しさを感じることの1つに、「評価」が挙げられます。子どもの評価は、授業中に行うことが好ましいです。即時評価によって、子どもの運動意欲や課題意識を高めたり、持続させたりすることができます。
　ここでは、即時評価をする際に活躍するグッズ「ミニファイルのよさ・作り方・使い方」について紹介します。

❶ミニファイルのよさ
　ミニファイルは，授業中に携帯することができます。私は，ジャージの腰ゴムに挟んでいます。このようにすると，授業で動くときに邪魔になりません。そして，子どものよい動きや発言があったときには，すぐに記述することができます。

❷ミニファイルのつくり方
○Ｂ５またはＡ４の半分の紙ファイルを用意します。厚手の表紙の方が長持ちします。文具店で200〜300円ほどで購入できます。
○用紙は，学級名簿を使います。Ａ４の半分の大きさでつくります。チェック欄・コメント欄を設けます。
○必要に応じて余白部分を裁断機でカットします。
○名簿の上部にパンチで穴を空け，ファイルに通します。

❸使い方
○授業前に，評価用紙に日付や単元名，時数，評価する項目を書き込んでおきます。
○技能評価は，動いている様子をその場で評価する必要があります。そこで，技能はチェック欄ですばやく評価します。
○授業中のエピソード（例：友達への応援，進んで準備や片付け，あきらめずねばり強く練習など）は，コメント欄に短い文で書きます。
○用紙は，１時間使い切りとし，学習課題も記録しておくと，その時間に何を見取ったかが明らかになってよいと思います。
○つまずきが見られる子どもには，前時の記述をもとにアドバイスします。

　ミニファイルを使って評価することを続けていると，子どもの状態の見取りが早くなります。また，過去の評価をもとにこの時間の伸びをほめることもできます。
　また，技能だけでなく，今まで，体育ノートや学習カードで評価していた思考面の評価も授業の発言を拾ってすぐに評価することもできます。

スキル 56 　**評価**

チームの評価シートを活用して即時評価をしやすくする

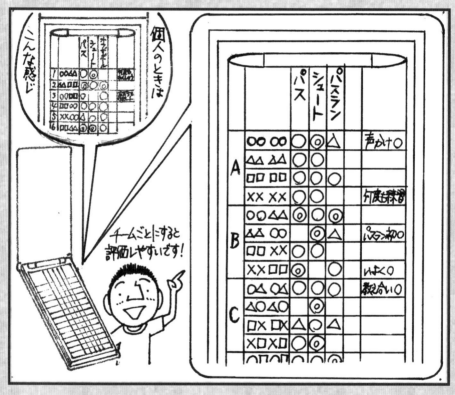

　スキル55では、ミニファイルをつくって即時評価をしやすくすることについて述べました。ただ、紹介した評価シートは、個人で運動するときに使う名簿順のものでした。体育の授業は、個人で行うものだけではありません。ボール運動などチームで行うこともあります。ここでは、チームで運動する際の評価シートについて紹介します。

❶授業でチーム（グループ）評価する領域

　チームで運動する領域は，「ボールゲーム」がすぐに浮かぶかと思います。その他にも，グループで動きを考えることがメインの運動は「表現」。同じく，グループで技の習得をしたり，演技を考えたりする場合は「マット運動（器械運動）」。チームで運動を行い，記録に挑戦する場合は「陸上運動」。このようにチームやグループで行うことは多くあります。

　チームやグループで学習する場面が多い場合は，チーム（グループ）の評価シートを使った方がよいですし，単元のまとめのときにチームになり，それ以外の時間は，個人で運動することが多い場合は，個人のシートを使った方がよいと思います。

❷チーム（グループ）評価シートのつくり方

（1）名簿順の評価シートを開き，グループごとに分けます。
（2）チーム（グループ）名を入れて分かりやすくします。
　※チーム間の罫線を太くしたり，チーム間の行を空けたりします。

❸評価シートの使い方

（1）評価計画に沿って，評価するチームを授業前に決めておきます。
　※だいたい半数のチームを評価します。
　　運動するコートや場が近いチームにすると評価しやすいです。
（2）授業中，評価シート通りに技能はチェック方式で，態度・思考はエピソード（記述）で記録します。
　※エピソード欄には，技能を大きく伸ばした子どもの様子など，特筆すべきことも書くようにするとよいです。

　1時間のうちに，評価対象のチームを中心に評価しつつ，なるべく多くのチームを評価できるようにします。
　集計シートをつくっておき，授業を終えたら，その時間の評価とエピソードを集計シートに転記することができると，技能の伸びも分かるのでとてもよいと思います。

スキル57 評価

評価計画を立てて授業中に確実に評価する

　スキル56では，授業中に即時評価できる評価ミニファイルについて紹介しました。これで，評価はバッチリ！とは言えないのです。
　評価は計画的に行うもので，誰を評価するのかという評価対象を授業前に決めておくとよいです。ここでは，普段の授業で無理なく行うことができる評価計画の立て方について紹介します。

まずは，授業前に単元の計画を立てます。「単元のねらい（目指す子どもの姿）」「毎時間の学習内容（学習課題）と評価」を決めます。ここでは，ティーボールを例にして説明します。
❶**知っておくとよいこと**
　授業をする前にわかっておいた方がよいのが，普段の自分の評価する力です。１時間に何人の子どもを評価することができるのかを知っておくとよいです。
❷**毎時間の学習活動・評価計画**
（１）学習内容
　１，２時は走り幅跳びと組み合わせて行うため，練習ゲーム「かっとばし」のみを行います。３時以降は，練習ゲームと本番ゲームで１時間を構成します。
（２）評価計画
１時：進んで運動（意欲），遠くにかっ飛ばす（技能）：観察
２時：進んで運動（意欲），遠くにかっ飛ばす（技能）：観察
３時：ルール（思考），打つポイント（知識）：観察，ノート
４時：打球落下点予想（思考），捕ったらすぐ投げる（技能）：観察，ノート
５時：打球落下点予想（思考），捕ったらすぐ投げる（技能）：観察，ノート
６時：守備位置（思考），捕ったらすぐ投げる（技能）：観察，ノート
７時：意図したところに打つ（技能），捕ったらすぐ投げる（技能）：観察
８時：意図したところに打つ（技能），捕ったらすぐ投げる（技能）：観察
　　※２時間で全員評価することを基本とする。

　２時間で全員評価するので，赤白で評価するのか，男女で評価するのか，チームの半数を評価するのか，を決めます。また，何で評価するのかについても決めておきましょう。評価項目は，１時間あたり２つが限度だと思います。あまり多くしないよう意識してください。
　授業で確実に評価するために，準備をしっかりしておきましょう。

スキル58 評価
体育ノートで子どもの考えを見える化する

先生方から，ときどき，「体育ノートの大きさってどれくらいですか」「体育ノートって，どんなことを書かせればいいですか？」などと質問されることがあります。みなさんは，体育ノートを使っていますか。

ここでは，体育ノートの選び方や書かせ方について述べたいと思います。

❶体育ノートの選び方
（1）ノートの大きさ
　Ａ４かＢ５のノートを使用します。どちらでもよいと思います。Ａ４ノートの利点は，Ｂ５の学習カードを貼ることができるところです。
（2）ノートの種類
　ノートの種類には，罫線とマス目があります。私は，マス目のノートを勧めています。それは，体育ノートは，文字を書くだけでなく，ときには動きの図を描いたりすることもあるからです。

❷ノートに書く内容
（1）学習課題・まとめ
①学習課題：子どもの困り感やこれまでの学びをもとにして設定します。
②まとめ　：運動経験やこれまでの学びをもとに考えます。学習課題に正対
　　　　　　しているかを大切にします。
（2）振り返り
　私は，毎時間，「で（できる）・わ（わかる）・か（かんそう）」の３つの観点で書かせています。
　まとめで出されたことをもとに，できたこと・わかったことを書きます。まとめより，より具体的な体の動かし方（タイミングや力の入れ具合など）について書きます。わかったことは，できなかったけど，できる友達を見てつかんだこつなどを書きます。
　また，その他のことについては，感想として書きます。発達段階に応じて，行数（学年×○行）としてもよいです。

　書くことに慣れるまでは，「今日の学習課題は○○でしたね。△△の時はどんなふうに体を動かしたかな？」というように，まとめや振り返りを書きやすくなるような場面を限定する言葉掛けなどを行うとよいと思います。
　子どもの思考面を見取るだけでなく，見学している子どもが，見て学ぶようになるというメリットもあります。

スキル59 評価
個人・チーム・クラス記録を残して伸びを感じさせ，意欲を高める

★個人
短なわ前回しとび30秒間で60回とべたよ!!
○1人で何回できたかを数えます。

★ペア
私は60回とべたよ。
ぼくは65回だ。
○2人で何回できたかを数えます。

★グループ(チーム)
ぼくは70回とんだよ!
私は60回!
ぼくは65回。
○グループ(チーム)で何回できたかを数えます。

個人やペアだけでなく，チーム・組・クラスと広げることで，「もっと回数を増やそう!」「友達に教えよう!」という気持ちが高まります!

★赤・白組
○赤・白組で何回できたかを教えます。
白組は何回できたの?

みんなで354回とんだよー!!

★クラス
○クラスで何回できたかを数えます。
今日はクラスで742回できたよ!!

前よりもふえたー! やったー!!

　みなさんは，1時間の体育授業をどのように終えていますか。また，どのような終わり方が理想的だと思いますか。私は，みんなが笑顔で終わることができる授業にしたいと思っています。
　みんなが笑顔になる……いろいろな条件がありますが，「伸びを感じさせること」と「次時への期待感をもたせること」が大切であると考えます。

残す記録は，授業で使う黒板（ホワイトボード）に書いて，次の時間の終わりに次時の記録と比べて，伸びを感じさせます。

❶伸びを感じさせる見せ方
　授業の終わりに，多い記録や前より伸ばすことができた記録を賞賛します。
（1）個人　　　　　　　：1人で何回できたかを数えます。
（2）ペア　　　　　　　：隣同士で組みます。2人の合計を記録とします。
（3）グループ（チーム）：クラスの1／4ほどの人数で組み，その合計を記録とします。
（4）赤・白組　　　　　：クラスの1／2の人数で組み，その合計を記録とします。
（5）クラス　　　　　　：クラス全員の合計を記録とします。

❷記録を合計する運動例
（1）長なわとび
　0の字跳び，8の字跳び，ひょうたん跳びなどさまざまありますが，単元を通して記録をとりたい跳び方を記録します。赤白→クラスの合計記録を書きます。
（2）短なわとび
　30秒間早回し跳び（前・後）などの回数を記録します。個人→赤白→クラスの合計記録を書きます。
（3）器械運動（跳び箱・鉄棒・マット）の技
　器械運動の技ができた人数を記録します。赤白→クラスの合計記録を書きます。

　授業が進むと記録が高まるとは限りません。できる子どももいれば，なかなかできなかったり，前の時間よりできなくなってしまう子どももいます。ですが，このように記録を合計していくことで，できなくて落ち込んでいる子どもも，クラスの記録が伸びていることで，友達と喜びを分かち合ったり，「次はがんばる！」という思いをもったりすることができます。

スキル60 評価

得点以外の数で評価して伸びを感じさせ，意欲を高める

　シュートが入った回数，跳ぶことができた回数など……授業では，目に見える成果で評価することが多いです。できたことだけで評価することは，子どもにとっての体育の学びが成果主義になってしまう危険性があります。
　体育授業で大切なのは，動きの習得です。最終局面の動きができなかったとしても，動きが習得できているかを確実に評価してほしいと思います。

❶体育で評価されがちな内容
（1）得点　・ゴール型ゲーム：シュートを決めた本数
　　　　　・ネット型ゲーム：アタックを決めた本数
（2）回数　・長なわ跳び：〇分間に跳ぶことができた回数

❷得点・回数以外で評価してほしい内容
　得点では，「ドリブルやパスでボールをゴール前に運び，シュートも決めることができたから」（ゴール型ゲーム），また，回数においても，「ボールの落下点に移動し，相手が打ちやすいところにボールを落とすことができたから」（ネット型ゲーム）など2つ以上の「できる」があったためと考えられます。
　そこで，得点や回数以外の視点で評価することも大切であると考えます。
（1）シュートの数（ゴール型ゲーム）
　「パスがもらえるところに移動する」「敵と重ならない場所を見付けてずれる」「ボールをもったときにパスかドリブルかを判断する」などの動きができている可能性があります。
（2）アタックの数（ネット型ゲーム）
　「相手からの返球のコースや強さを見てボールの落下点を予想する」「ボールの落下点に移動する」「相手がとれない場所を見付けることができる」などの動きができている可能性があります。
（3）ノーミスで跳べた回数（長なわ跳び）
　「縄に入る」「縄を跳ぶ」「縄を抜ける」という動きができている可能性があります。

　得点や回数などの成果に目が向きすぎると，教師は，動きの習得に目が向かなくなってしまいます。そして，子どもは「勝った・負けた」という結果に目を向けるようになります。シュートは決められなかったけど，その前のボールを運ぶところまではできていたことを評価することにより，子どもは課題意識をもち，さらに動きを高めようとするのだと思います。

【著者紹介】

小林　治雄（こばやし　はるお）
1972年新潟生まれ。
関東短期大学卒業。新潟市立山田小学校教諭。
新潟市マイスター教員。新潟市小学校教育研究協議会体育部部長。新潟学校体育研究会幹事長。
研究教科は体育。

体育科授業サポートBOOKS
マンガでわかる！
体育授業の腕を上げるちょこっとテクニック

2019年2月初版第1刷刊 ©著　者	小　　林　　治　　雄	
	発行者　藤　　原　　光　　政	
	発行所　明治図書出版株式会社	
	http://www.meijitosho.co.jp	
	（企画）佐藤智恵（校正）佐藤智恵・川﨑満里菜	
	〒114-0023　東京都北区滝野川7-46-1	
	振替00160-5-151318　電話03(5907)6703	
	ご注文窓口　電話03(5907)6668	
＊検印省略	組版所　株式会社木元省美堂	

本書の無断コピーは，著作権・出版権にふれます。ご注意ください。

Printed in Japan　　　　　　　ISBN978-4-18-247323-4
もれなくクーポンがもらえる！読者アンケートはこちらから　→